KÖNIGS FURT

*Über dieses Buch*

Die bekannten Tarot-Autoren fassen ihre Erfahrungen in neuen Deutungstexten zu jeder Karte zusammen. Zusätzlich bietet ein neuartiges ABC von Archetyp über Grand Orient bis Zeitreise viel Wissenswertes rund ums Waite-Tarot.

*Über die Autoren*

Evelin Bürger, Jg. 1952, und Johannes Fiebig, Jg. 1953, zählen mit mehr als einer Million verkaufter Bücher weltweit zu den erfolgreichsten Tarot-Autoren. Sie leben mit ihrer Familie in der Nähe von Kiel.

Evelin Bürger / Johannes Fiebig

# Waite Tarot
## von A – Z

Königsfurt Tarot Bibliothek

**KTB 1**
**Königsfurt Tarot Bibliothek**
*Herausgegeben von Johannes Fiebig*

*Bibliographische Information der Deutschen Bibliothek*
*Die deutsche Bibliothek verzeichnet diese Publikation in der Deutschen Nationalbibliographie; detaillierte bibliographische Daten sind im Internet über http://dnb.ddb.de abrufbar.*

Originalausgabe
Krummwisch b. Kiel 2003


D-24796 Krummwisch
www.koenigsfurt.com
www.tarot-online.com

Umschlag & Lithos: Stefan Hose, Eckernförde
Satz: Lang-Verlag, Kiel

Druck & Bindung: Oldenbourg, Monheim

ISBN 3-89875-577-0 (Buch separat)
ISBN 3-89875-576-2 (Buch & Karten im Set)

# Inhalt

# Die einzelnen Karten im Überblick

## *Große Arkana/Trumpfkarten*



## *Stäbe*



## *Kelche*

## *Schwerter*



## *Münzen*

# Waite Tarot von A - Z

Das Waite-Tarot ist weltweit die mit Anstand beliebteste Tarot-Sorte. Es ist so verbreitet, daß sich viele Leute unter »Tarot« nichts anderes als diese Karten vorstellen.

Das *Waite-Tarot,* auch als Rider-Tarot oder Rider-Waite-Tarot bekannt, wurde von Arthur E. Waite und Pamela Colman Smith 1910 veröffentlicht und erschien im Londoner Verlag Rider. Dieses Deck, wie man einen Satz Karten auch nennt, ist für viele Menschen besonders leicht zugänglich, obwohl (und weil) es eine enorme Dichte und Konsequenz in der Komposition der Symbole und Motive besitzt. Vom ersten Einstieg ins Tarot bis zur professionellen Verwendung bieten diese Bilder eine unglaubliche Tiefe, eine enorme Vielzahl von Ebenen, auf der sie betrachtet und verstanden werden können.

Die heutige Popularität des Tarot-Kartenlegens wäre ohne das Waite-Tarot kaum vorstellbar. Nicht nur, weil es das erste Tarot-Spiel war, das durchgängig auf allen 78 Karten *Bilder* präsentierte, wurde es zum Wegbereiter der aktuellen Tarot-Deutung, die ganz wesentlich auf der visuellen Wahrnehmung und der *persönlichen Anschauung* der Karten beruht. In vieler Hinsicht stellt das Tarot von Arthur E. Waite und Pamela Colman Smith das Grundmodell (den *»Archetyp«*) der heute bekannten Tarot-Welt dar.

*Arthur E. Waite*
*(1857-1942)*

*Pamela Colman Smith*
*(1878-1951)*

**Alte Weise, der oder die:** *s. Jung'sche Archetypen.*
**Anima und Animus:** *s. Jung'sche Archetypen.*
**Archetypen im Waite-Tarot:** In einer Zeit, in der viele Lebensorientierungen fraglich sind, ist Tarot heilsam und nützlich. Denn hier können wir unsere Auffassungen von *Liebe, Tod und Teufel* überprüfen. Wir bekommen buchstäblich eine *Anschauung* davon, was diese für uns bedeuten können.

Sie entdecken den »Hierophant«, den »Narr«, aber auch den »Eremit« als Kräfte in sich selbst. Und wenn man einmal deutlich gespürt hat, wie zum Beispiel DER EREMIT nicht nur für Verlassenheit steht, sondern auch für die Fähigkeit, sich auf sich verlassen zu können, dann wird man neugierig auf das Geheimnis oder die tiefere Botschaft des »Eremit«. Da gibt es den »Herrscher« oder die »Herrscherin« – Archetypen (Urbilder, kollektive Leitbilder) der *Großen Mutter* und des *Großen Vaters*. Die persönlichen Erfahrungen mit der Rolle als Mann und als Frau lassen sich hier vertiefen und aufklären.

Die Tarot-Deutung gleicht einer *Schule der selbständigen Lebensorientierung*. Jede der 78 Karten kann als Ausgestaltung eines Archetypen oder Urbilds verstanden werden (und jede der 78 Karten kann auch als Bild rein individueller, persönlicher Erlebnisse gesehen werden). –

Einige aus der Liste von weniger offensichtlichen Archetypen im Waite-Tarot sind folgende: der Turmbau zu Babel und das Pfingst-Ereignis bei »XVI-Der Turm«; die modernen psychologischen Typen des Narzißmus und des Autismus bei »XVII-Der Stern«; der »Puer aeternus« (der ewige Jüngling oder die Weigerung, erwachsen zu werden) bei »XIX-Die Sonne«; das Urbild des blinden Sehers bei der »Zwei Schwerter«; die blauen Berge als Symbol der *Hochzeit von Himmel und Erde* bei »VIII-Kraft«, »Königin der Münzen« und einigen weiteren Karten; die Figur der *Vanitas* (vorne eine junge Frau, hinten eine alte Frau oder der Tod) als archetypische Vorlage für das Doppelgesicht in »Sechs Kelche«. – *Siehe auch: Jung'sche Archetypen.*

**Arkana:** *Arcana,* Plural von Arkanum: »(die) Geheimnisse«.

**Arkanum:** *Arcanum,* lateinisch »Geheimnis«. Die Verwendung dieses Begriffs für die Tarot-Karten geht zurück auf *Paul Christian* (Pseudonym von Jean-Baptiste Pitois, 1811 – 1877, französischer Trappisten-Mönch, Schriftsteller, Historiker und Astrologe).

**Artista, Elias:** Eines der Pseudonyme von A.E. Waite.

**As der Kelche:** *s. Gral.*

**Bildersprache:** Lassen Sie die Bilder als *Sinnbilder* auf sich wirken! Beispiele: Wenn der Mensch im Bild der »Neun

Kelche« eben diese Kelche hinter sich im Rücken hat, dann muß er buchstäblich *Rück-Sicht* üben, um die Kelche wahrzunehmen.

Wenn der »Ritter der Stäbe« durch die Wüste reitet, so ist das ein Sinnbild für ein *wüstes Leben* – und der Ritter ist sinngemäß ein *»Wüstling«*. (Das »wüste Leben« kann ein ausschweifendes oder ein dürres Leben darstellen, ein Leben, das in der einen oder anderen Weise Grenzen überschreitet.) Mit seinem blühenden Stab befindet sich der Ritter entweder auf Abwegen; er hat sich vergaloppiert, und wenn er diese Wüste nicht verläßt, wird der grüne Trieb an seinem Stab unweigerlich verdorren. Oder er ist genau auf dem richtigen Weg und an der richtigen Stelle – auch *Durststrecken* sind ihm kein Hindernis: Sei es, daß er eben diese Wüstenei, die leere Stille sucht und braucht. Sei es, daß dies ein Zeichen für seinen Lebensweg darstellt: Eine Wüste in einen Garten zu verwandeln!!

**Colman Smith, Pamela:** Malerin, Illustratorin und Märchenerzählerin. Geboren am 16.02.1878 in Middlesex, England, als Kind amerikanischer Eltern. Kindheit in London, New York und Kingston, Jamaika. Die Künstler- und Theaterkreise, vor allem Londons, wurden ihr Zuhause. Zu ihrem Freundskreis gehörten William Butler Yeats und sein Bruder Jack sowie weitere berühmte Literaten und Kritiker. Trotz ihrer beträchtlichen Talente fühlte sie sich schließlich nichtakzeptiert in dieser Welt. Ihren zahlreichen Buch- und Grafik-Projekten war nur geringer Erfolg beschieden, so daß sie in armen Verhältnisse lebte. Sie starb am 18.09.1951 in Bude, Cornwall.

Waite über die von Pamela Colman Smith geschaffenen

Karten: »Die Tarot-Karten, die der kleinen Ausgabe des vorliegenden Werkes beiliegen, wurden von Miss Pamela Colman Smith gezeichnet und koloriert, und ich bin der Meinung, daß sie treffend und von bewundernswerter Schönheit sind, sowohl im Entwurf wie in der Ausführung. (...) In vielen entscheidenden Punkten unterscheiden sie sich von den gewöhnlichen, nachgeahmten Altertümlichkeiten der Vergangenheit ...« (Bilderschlüssel zum Tarot, Waakirchen 1978, S. 44 f.).

**Deutung, im engeren Sinne:** Es gibt einen wesentlichen Unterschied zwischen Deutung und Interpretation. Auch wenn die beiden Begriffe mitunter gleichgesetzt werden, so wird im engeren Sinn unter »Deutung« nur die *Wahrnehmung* eines Bildes und Symbols verstanden. Zur eigentlichen *Deutung* gehört noch keine Bewertung!

Es geht zunächst um die reine Bildbetrachtung und Bildbeschreibung. *Wie* sehen Sie das Bild? Aus welcher Perspektive betrachten sie die Karte?

**Deutungshilfen:** Mit seiner einzigartige Konsequenz in der Komposition aller Bilder erlaubt es das Waite-Tarot, Symboldeutungen von einem Bild auf ein anderes zu übertragen. Wenn Sie etwa bei einer Karte einem weißen Pferd begegnen und dessen Bedeutungen verstehen, so hilft Ihnen dies ohne Abstriche auch bei einer der vier anderen Karten, auf denen ein weißes Pferd vorkommt. Ebenso verhält es sich mit Blickrichtungen von Bildfiguren, Farben und allen anderen Detailsymbolen. Das Waite-Tarot macht es damit leicht, selbständig Deutungen zu erarbeiten.

**Divination:** von lateinisch *divinatio,* Sehergabe, Vorahnung. Wörtlich: Verkündung des Göttlichen.

**divinatorisch:** weissagend, wahrsagerisch.

**Doppelgesichter:** Eines der markantesten Beispiele ist das *Doppelgesicht* der kleinen Frau im Bild der »Sechs Kelche« (s. Seite 79): Die kleine Frau nimmt eine doppelte Haltung ein. Einmal schaut sie weg. Ein andermal sieht sie zu dem Männlein hin. Beide Blickrichtungen sind wichtig. Meistens fällt uns jedoch nur *ein* Gesicht bei dieser Karte auf.

Ein weiteres Beispiel: Bei den »Drei Schwertern« lassen sich die grauen Wolken mit ihren Schraffuren erstens als Regen auffassen (wie es in einem Liedvers heißt: »It's raining in my heart«, *es regnet in meinem Herzen*); zweitens jedoch deuten die Schraffuren einen Spiegel an: Nebelwolken lichten sich, und vor dem Spiegel werden Herz und Schwerter übergroß sichtbar – es wird sehr deutlich, was die betreffende Person im Innersten betrifft.

*Jede* der 78 Karten bietet solch unterschiedliche Perspektiven an. Dazu A.E. Waite: »Die Abbildungen sind mit Toren zu vergleichen, die unerwartete Räume eröffnen, oder mit einer Richtungsänderung auf freier Straße, die eine weite Aussicht erschließt«. (Bilderschlüssel zum Tarot, Waakirchen 1978, S. 97).

**Erlösung:** Davon spricht Waite im Zusammenhang mit der Karte »XVIII-Der Mond«: »Das Gesicht des Mondes richtet einen gelassenen Blick auf die unter ihm befindliche Unruhe; der Tau der Gedanken fällt; die Botschaft lautet: Frieden, sei ruhig; und es mag sein, daß eine Ruhe über die tierische Natur kommt, während der Abgrund davon ablassen wird, eine Ausformung hervorzubringen« (Bilderschlüssel zum Tarot, Waakirchen 1978, S. 83). Für alle, die seelische Nöte oder spirituelle Notlagen kennengelernt haben, ist der Sinn dieser Worte nachvollziehbar: Waite bekräftigt hier seinen Glauben, daß Erlösung möglich ist und daß wir auf dieser Erde und in diesem Leben wahren Frieden finden können.

**Esoterisch:** Vielfältig sind die Definitionen, was mit Esoterik gemeint sei. Vom Wort her bedeutet es: von innen heraus, nach innen gerichtet; auch: verborgen, geheim, nur wenigen zugänglich.

**Farben:** ***Weiß:*** Anfangszustand (wie ein unbeschriebenes Blatt) oder Vollendung und Heilung; Blendung durch den Geist, weißer Schatten (Animus) oder geistiges Neuland. – ***Grau:*** Unbewußter Zustand oder bewußte Gleichgültigkeit, Gleichwertigkeit und Vorurteilslosigkeit. – ***Schwarz:*** Das Unbekannte, das Innere der Erde oder eines Sachverhaltes, »black box«, schwarzer Schatten (Anima), Seelenfinsternis oder seelisches Neuland. – ***Rot:*** Herz, Gemüt, Wille, Lebenskraft. – ***Gelb:*** Sonne, Bewußtsein, Lebensfreude; Neid, geistige Spannung. – ***Blau:*** (offener) Himmel/Luftraum und (klares) Wasser; Spiritualität. – ***Grün:*** Frisch, jung, verheißungsvoll, unerfahren, unreif, vegetativ. – ***Braun:*** natur- und erdverbunden, bodenständig, geerdet, fleischlich, körperlich. – ***Violett:*** Grenzerfahrung; Blau und Rot.

**Farbreihen, die vier:** Die Kenntnis der vier Farbreihen Stäbe, Kelche, Schwerter und Münzen ist das wichtigste Handwerkzeug für die eigene Interpretation der Karten. Die Lehre von den vier Elementen Feuer, Wasser, Luft und Erde geht bis auf die abendländische Antike zurück (Empedokles), *s. Stäbe, s. Kelche, s. Schwerter und s. Münzen.*

**Golden Dawn:** der »Hermetic Order of the Golden Dawn« (der *Hermetische Orden der goldenen Morgenröte*), 1888 gegründet und 1903 aufgelöst, steht für eine späte und hohe Entwicklungsstufe der klassischen Esoterik.

Von Ordensmitgliedern wurden mehrere bedeutende Tarot-Decks entwickelt, u. a. von Aleister Crowley und Lady Frieda Harris, die ihr Deck 1943 fertigstellten, sowie von Waite und Colman Smith.

Das im Orden vorhandene Tarot-Deck, offenbar skizzenhaft und handgemalt, nur wenigen höheren Eingeweihten zugänglich, ist nie veröffentlich worden. Das im Handel erhältliche »Golden Dawn«-Tarot ist eine Nachempfindung von Robert Wang aus dem Jahre 1978. Nachzulesen sind die Auffassungen des Golden Dawn Ordens über das Tarot in seinem »Buch T«, enthalten in dem dreibändigen Werk »Das magische System des Golden Dawn«, (herausgegeben von Israel Regardie, Freiburg 1987.

**Grand Orient:** Pseudonym, unter dem A.E. Waite ein recht erfolgreiches Buch über das Wahrsagen mit Karten verfaßte (»Manual of cartomancy«).

**Gral:** Im Laufe seines Lebens konzentrierte sich A.E. Waite in wachsendem Maße auf die Lehre vom heiligen Gral und die Suche nach der Einheit mit dem Göttlichen (»divine union«, unio mystica), *s. Mystik.*

In diesem Zusammenhang ist auch über die Bedeutung des Zeichens auf dem Kelch im Bild »As der Kelche« gerätselt worden. Es könnte ein M darstellen – oder, umgekehrt, ein W (für *Waite* oder *water/Wasser).* Vielleicht weist es auf den Gral hin.

**Große Arkana:** *s. Große Karten; s. Arkana.*

**Große Karten:** Die 22 Karten im Waite-Tarot, die sowohl eine Zahl wie einen Untertitel tragen.

**Große und kleine Arkana im Vergleich:** Wie jedes Tarot-Spiel umfaßt das Waite-Tarot 78 Karten. Davon werden 22 als große Karten oder Arkana und 56 als kleine Karten oder Arkana bezeichnet. Die großen Karten stellen *große Stationen des Lebens* dar – wie Liebe, Tod und Teufel. Die kleinen Karten sind nicht unwichtiger, sie bezeichnen Charaktere, Typen, Temperamente und vieles mehr.

**Gültigkeitsdauer:** Für die *zeitliche Gültigkeit* einer Tarot-Auslage lassen sich keine allgemeinen Regeln aufstellen. Es gibt Themen, die sind mit der formulierten Frage und der Antwort, die das Tarot darauf gibt, bereits erledigt. Andere Fragestellungen können uns monate- und jahrelang beschäftigen. Und es gibt Lebensthemen, die uns, wenn auch in Varianten und Wandlungen, ein Leben lang begleiten.

Wenn in der Literatur gelegentlich zu lesen ist, eine Tarot-Befragung habe eine Gültigkeitsdauer von z. B. 4-6 Wochen oder erstrecke sich auf einen »Nahzeitraum von 3 Monaten«, dann ist dies so haltlos und unbegründet, wie viele andere Anschauungen auch, die der traditionellen Wahrsagerei entstammen.

**Hofkarten:** Königin, König, Ritter und Page (auch Bube oder Prinzessin genannt). Die Hofkarten stellen – in unterschiedlichen Nuancen – jeweils einen *Idealtyp* dar: eine Persönlichkeit, die *souverän* mit dem betreffenden Element (wie Feuer, Wasser, Luft und Erde) umgehen kann. Die Botschaft: Man ist entweder so souverän wie diese Bildfigur – oder man soll es werden.

**Improvisation:** Mit zunehmender Sachkenntnis und wachsender Selbsterfahrung vermehren sich die bekannten Alternativen. Die »Arbeit mit dem Zufall« entwickelt sich weiter zur Kunst der Improvisation. Damit ist nicht die Bemäntelung von Unkenntnis und Ahnungslosigkeit gemeint. Sondern es geht um die Improvisation als Kunstfertigkeit und Meisterschaft, so wie in der Musik, dem Tanztheater und vielen anderen Sparten zahlreiche

Künstler/innen die Improvisationskunst entwickelt haben. So wird die Symbolsprache zu einer Lebenskunst und die Tarot-Karten zum Wegbegleiter in einem »zauberhaften« Alltag.

**Interpretation:** Die inhaltliche Auswertung und die »Botschaft« einer Karte.

**Interpretationsregeln:** Alle Karten sind gleichwertig. Es gibt keine an-sich-guten oder an-sich-schlechten Karten.

Jedes Symbol besitzt eine *Doppel- oder Mehrfachbedeutung*. Das gilt fürs Tarot wie für jede andere Symbolsprache.

Symbole sind wie Spiegel: Man kann sie mit anderen, aber *nicht für andere* betrachten.

Symbole sind wie Fenster: Durch sie treten wir mit einer Wirklichkeit in Kontakt, die größer ist als die eigene.

**Jung'sche Archetypen I**: Archetypen sind nach Carl Gustav Jung (1875 – 1961) *Urbilder* und »seit Alters vorhandene allgemeine Bilder«, die in ihrer Summe dem *kollektiven Unbewußten* gleichzusetzen sind. Jung hat eine Fülle von Archetypen in Märchen, Mythen und Träumen entdeckt; einer seiner Schüler hat sie recht abstrakt auch auf das Tarot übertragen (Bernoulli, R.: Zur Symbolik geometrischer Figuren und Zahlen, Zürich: Rhein, 1935 [Sonderdruck Eranos 1934]). Bei Jung schält sich ein Grundstock von Archetypen heraus, eine gewisse *Reihenfolge* von Urbildern, denen man begegnet sein muß, um zu seinem Selbst und dem Ziel der *Individuation* zu gelangen. Zu diesem engeren Kern von Archetypen bei Jung gehören vor allem: der *Schatten*, die *Anima* und der *Animus*, der oder die »*Alte Weise*« und das *Selbst*/das *Mandala*.

Man sollte jedoch ein wenig vorsichtig damit sein, diese Archetypen auf *einzelne* Tarot-Karten zu übertragen. Für das ***Selbst/***das ***Mandala*** kann die Karte »X–Rad des Schicksals« stehen, viel treffender aber ist es, sich alle 78 Karten (in unendlich vielen Legemustern) als Bild für das Selbst/Mandala vorzustellen. Der oder die ***»Alte Weise«*** im Sinne Jungs hat am meisten mit der Karte »XXI-Die Welt« zu tun; manche Deuter/innen haben sich vom Anschein irritieren lassen und verbinden vor allem die Karte »IX-Der Eremit« mit dem/der »Alten Weisen«, ohne zu bemerken, daß der Eremit – neben allem Alten und Erfahrenen – auch etwas sehr Junges und Jungfräuliches verkörpert! ***Anima*** und ***Animus*** begegnen uns in »VIII-Kraft« sowie in jenen Karten, die einen Schwarz-Weiß-Kontrast beinhalten, etwa in »II-Die Hohepriesterin« (in Gestalt der beiden Säulen Boas und Jakim) und in »XIII-Tod«, »VII-Der Wagen«, »Fünf Münzen«. Die verführerische, *dunkle Macht der Anima* findet sich aber auch in zahlreichen anderen Karten wieder, ebenso die verlockende, *helle Seite des Animus.* »XV-Der Teufel«, »Fünf Kelche« oder »Sieben Kelche« können anima-betonte (»animalische«) Themen darstellen. »XIV-Mäßigkeit«, »0-Der Narr« und der »Ritter der Schwerter« zeigen möglicherweise animus-betonte (begeisterte oder gespenstische) Inhalte an.

Der ***Schatten*** stellt in der Psychologie nach C. G. Jung das Unbewußte, das Unmerkliche dar. Er findet sich in allen Tarot-Bildern wieder, in denen graue Farbtöne vorherrschen, die eben das Unscheinbare, das Unbewußte darstellen. Die wichtigste *Schatten*-Karte ist – für viele überraschend – nicht »XV-Der Teufel«, sondern »VI-Die Liebenden«: Das Bild zeigt eine graue Wolke, die sich lückenlos zwischen die Sonne am Himmel und den Menschen auf der Erde schiebt. Je dichter diese Wolkendecke ist, um so stärker stehen die Menschen im Schatten. Daß dieser bei dieser Karte auf den ersten Blick kaum ins Auge springt, entspricht gerade der Bedeutung des psychologischen Schattens.

Die wichtigste Begegnung mit *persönlichen Schattenseiten,* die Tarot vermitteln kann, erleben wir dann, wenn wir uns fragen, ob wir tatsächlich jede Karte als positiv und negativ betrachten können. Auch erfahreneren Tarot-Nutzern gelingt dies nicht für alle 78 Karten. Es bleibt ein Rest von einigen wenigen Karten, die man beim besten Willen jeweils entweder nur positiv oder nur negativ sieht. Welche Karten dies sind, ist individuell sehr unterschiedlich. Allen Menschen gemeinsam ist jedoch die Erfahrung, daß es solche *blinden Flecken* gibt. Wo sie eine Karte nur positiv oder allein negativ wahrnehmen, stoßen sie auf persönliche blinde Flecke, auf persönliche Schattenseiten. Das ist mitunter unangenehm, weil damit heikle Themen berührt werden können; es stellt jedoch einen großen Gewinn dar, diesen blinden Flecken auf die Spur zu kommen.

**Jung'sche Archetypen II:** Heute haben »Archetypen« eine weitere, *zusätzliche* Bedeutung gewonnen, die C. G. Jung noch nicht kannte oder nicht bearbeitete.

Das Wort *Archetyp* bezeichnet im Altgriechischen nicht nur Urbild oder Erstprägung, sondern auch Prägestock und Prägekraft! Wenn wir also nach der Bedeutung der Archetypen in uns fragen, so führt uns die Antwort in zwei unterschiedliche Richtungen: Als Archetypen sind *Prägungen,* die wir über das kollektive Unbewußte *ererbt* haben, in uns wirksam. Aber als Archetyp ist ebenfalls die Kraft wirksam, selber Prägestock, *selber Urheber* oder Urheberin zu sein. Archetypen bezeichnen auch die Erstprägungen, die wir tätigen, wenn wir in unserem Leben nicht nur Vorhandenes wiederholen und variieren; Archetypen sind somit die Taten und Talente, mit denen wir die Gestalt der Erde in einer Weise beeinflussen, die es zuvor nicht gegeben hat.

**Kabbala:** wörtlich die »Überlieferung«; altjüdische Geheimlehre, in der u. a. das Modell des »Lebensbaums« sowie die Zahlen- und Buchstabenmystik von Bedeutung sind; sie existiert in zahlreichen Auslegungsvarianten.

Eliphas Lévi (Pseudonym von Alfonse Louis Constant, 1810 bis 1875) war der erste, der Tarot und Kabbala überhaupt miteinander in Verbindung brachte, das war 1856. Zu der Zeit existierten beide Symbolwelten, Tarot und Kabbala, jede für sich schon viele Jahrhunderte, ohne jemals in direktem Zusammenhang zu stehen.

Zum Verständnis des Tarot ist die Kenntnis der Kabbala nicht erforderlich. Nur wer – auch unabhängig vom Tarot – die *»Western tradition«,* die klassische abendländische Esoterik studieren will, kommt an der Kabbala nicht vorbei.

**Kartomantie:** Wahrsagen mit Karten.

**Kelche:** Kelche, auch Pokale genannt, stehen für die Seele, das Innenleben und das Unbewußte. Ihre Welt ist die Welt der Gefühle, Stimmungen und Ahnungen, der inneren Stimme und der spirituellen Erfahrung. Sie handeln von innerer Wahrnehmung und innerem Wissen, von Sinn und Bedeutung, von Freude, Trauer, Leere und Erfüllung. *Schlüsselbegriffe: Gefühle und persönliche Bedürfnisse, Element Wasser.*

**Kleine Arkana:** *s. Kleine Karten; s. Arkana.*

**Kleine Karten:** Die 56 Karten im Tarot, die nicht zu den

Großen Karten gehören: 16 Hofkarten und 40 Zahlenkarten.

**Lieblingskarte:** Diese Karte wird nicht gezogen, sondern ausgesucht. Welche Karte gefällt Ihnen gegenwärtig am besten?

**Mandala:** *s. Jung'sche Archetypen.*

**Münzen/Pentakel:** Münzen, auch Pentakel oder Scheiben genannt, stehen für den Körper, körperliches Erleben, praktische Fähigkeiten und angewandte Talente, für die konkrete materielle Lebensgestaltung und die Einrichtung der Umgehung. Die Welt der Münzen ist die Welt den Ergebnisse, Fakten und Produkte, der körperlichen Wahrnehmungen und Empfindungen. Münzen handeln von Arbeit, Natur und Gemeinwesen, von Erdverbundenheit, Selbstbewußtsein und Sicherheit. *Schlüsselbegriffe: Finanzen und Talente, Element Erde.*

**Mystik**: »Waites wahres Vermächtnis ist seine Philosophie der Mystik«; und dies bedeutete für Waite, »daß man die Einheit mit Gott erreichen kann, daß man sie nur auf geistigem Wege erreichen kann, und daß sie uns, einmal erreicht, dazu verpflichtet, andere denselben Weg zu führen« *(R.A. Gilbert: Arthur E. Waite. Ein Magier besonderer Art. [Biographie.] Königsfurt 1998, S. 217, 221); s. Gral.*

**Mythologie:** die Lehre von den Mythen, speziell auch: frühgeschichtliche Götterlehre.

**Mythos:** Sage, Legende, Urbild, (kollektive) Frühgeschichte oder Urerfahrung.

**Numerierung:** Der Golden Dawn-Orden *(s. Golden Dawn)* hat eine Umstellung der Großen Karten mit den Nummern VIII und XI vorgenommen. Traditionell hatte die Karte »Gerechtigkeit« die Nummer VIII, und die Karte »Kraft« trug die Ziffer XI. Der Golden Dawn-Orden tauschte die Ziffern dieser beiden Karten, und Waite übernahm diese.

Zu den Gründen dieser Umstellung schrieb Waite: »Aufgrund von Überlegungen, die für mich überzeugend waren, wurde die Karte (»Kraft«, d.Verf.) mit der Karte der Gerechtigkeit vertauscht, der normalerweise die Zahl 8 zugeordnet wird. Da diese Abänderung nichts Bedeutsames für den Leser beinhaltet, ist auch keine Erklärung notwendig« (Bilderschlüssel zum Tarot, Waakirchen 1978, S. 63). Sei's drum!

Die ersten Tarot-Karten aus der Renaissance-Zeit trugen *keine Zahlen und keine Titel.*

**Numerologie:** *s. Zahlenmystik.*

**Objektstufe:** Wie in der Traumdeutung, so gibt es auch in der Tarot-Deutung eine »Subjektstufe« und eine »Objektstufe«.

Auf der *Objektstufe* stehen die verschiedenen Bildfiguren für *andere* Menschen, denen Sie als Betrachter/in begegnen oder begegnet sind.

Auf der *Subjektstufe* ist jede Bildfigur als Spiegelung eines Eigenanteils der Betrachterin oder des Betrachters zu verstehen.

So können z.B. die Bildfiguren auf der Karte »VI-Die Liebenden« Ihre Beziehungen zu anderen wie auch zu sich selber darstellen.

**Pagat:** altertümliche Bezeichnung für die Karte »I- Der Magier«.

**Pentagramm:** der fünfzackige Stern auf dem »Münzen« oder »Pentakeln«. Das Pentagramm besitzt eine sehr umfangreiche Bedeutungsgeschichte.

Heute sind alle Symbole vieldeutig geworden, auch das Pentagramm: Mit der *Spitze nach oben* kann es für die Ausrichtung und Aufrichtung von Energien stehen, die einen positiven, aufstrebenden Verlauf nehmen; mit der Spitze nach oben weist es aber auch in den Himmel und steht dabei als Warnung vor Idealismus und Wunschdenken (»des Menschen Wille ist sein Himmelreich«). Mit der *Spitze nach unten* warnt das Pentagramm vor »niederträchtigen« Energien. Im positiven Sinne bedeutet das Pentagramm mit der Spitze nach unten jedoch ein Zeichen für Erdung, Bodenständigkeit, Ruhe und gedeihliche Entwicklung.

Außerdem steht das Pentagramm auch als *Chiffre* (kurzgefaßtes oder abstraktes Zeichen) für den Menschen, die fünf Zacken des Sterns entsprechen dann dem Kopf, den Händen und den Füßen. Nicht zuletzt geht es um die *Quintessenz:* Jeder Mensch ist ausgestattet mit den vier Temperamenten und den vier Elementen; die Quintessenz, die wesentliche fünfte Kraft, ist, was man persönlich daraus macht!

**Pentakel:** soviel wie Talisman. Waite wählt diese Bezeichnung für die Reihe der Münzen; *s. Pentagramm.* Mit dieser Namenswahl wollte Waite u. a. ausdrücken, daß die »Münzen«-Karten sich nicht nur um finanzielle Dinge drehen; *s. Talent; s. Münzen.*

**Persönlichkeitskarte:** Die *Persönlichkeitskarte* wird aus den Ziffern Ihres Geburtsdatums als Quersumme gebildet: Zur Berechnung, *s. Quersumme(nkarte).* Zum Beispiel: 8.9.1963 ergibt: 8+9+1+9+6+3 = 36. Daraus ergibt sich als weitere Quersumme 3+6 = 9; die Große Karte mit der gleichen Ziffer ist nun die zutreffende Persönlichkeitskarte, in diesem Beispiel »IX-Der Eremit«.

**Pipcards:** englisch: Zahlenkarten (»Augenkarten«).

**Quersumme(nkarte):** Wenn Sie eine größere Auslage

machen, können Sie in der Schlußbetrachtung *zusätzlich* auch die Quersumme der ausgelegten Karten berechnen. Wohlgemerkt, dies ist ein »Zusatzspiel«; die jeweilige Auslage ist und bleibt komplett, auch ohne eine Quersummenkarte. Diese stellt nur eine mögliche Zusammenfassung dar, wie eine Überschrift, manchmal aber auch wie eine Kontrollkarte zur Gegenprobe.

Falls Sie nach einer Auslage die Quersumme errechnen möchten, gehen Sie so vor: Die Ziffer aller aufgedeckten Karten werden addiert (Hofkarten, wie Königin, Ritter usw., und »Der Narr« zählen als 0, und Asse zählen als 1). Ergibt sich als Quersumme eine Zahl zwischen 1 und 21, nimmt man die große Karte, deren Ziffer der errechneten Quersumme entspricht, als *Quersummenkarte* oder »*Quintessenz*«. Beträgt die Quersumme 22, so ist »Der Narr« die gesuchte Karte. Wenn die Quersumme mehr als 22 ausmacht, wird daraus noch einmal die Quersumme gezogen; *s. Persönlichkeitskarte.*

**Quintessenz:** (1) *s. Quersummenkarte:* Zusammenfassung einer größeren Auslage*;*

(2) *s. die Karte »V-Der Hierophant« (Seite 38):* Sinnbild der persönlichen Quintessenz*;*

(3) *s. Pentagramm;*

(4) Die Reihe der 22 Großen Karten stellt gleichsam die Quintessenz der vier Farbreihen Stäbe, Kelche, Schwerter und Münzen dar. *Beispiel:* Die Große Karte Nr. IX (»Der Eremit«) ist als die Summe der vier Kleinen Karten mit der Nr. IX (»Neun Stäbe, Neun Kelche, Neun Schwerter *und* Neun Münzen«) zu verstehen.

**Quod tibi id aliis:** wörtlich »Wie zu dir so zu den anderen«, Ordensname von Pamela Colman Smith im Golden Dawn-Orden; *s. Colman Smith; s. Golden Dawn.*

**Renaissance:** wörtlich »Wiedergeburt«, vielschichtige Zeitenwende im und um das 15. Jahrhundert, Geburt der ersten Tarot-Karten.
**Reihenfolge:** s. *Numerierung.*
**Rider:** die erste Ausgabe der Tarot-Karten von Arthur E. Waite und Pamela Colman Smith erschienen 1910 im Londoner Verlag Rider.
**Rider-Waite:** Bezeichnung der Tarot-Karten von Arthur E. Waite und Pamela Colman Smith, benannt nach dem Verlag der Erstveröffentlichung, William Rider & Son, und eben Waite.
**Rituale beim Kartenlegen:** Möglich, aber nicht obligatorisch. »Zum Kartenlegen brauchst du Mut«, so Luisa Francia, »den Mut, die Karten als das zu sehen, was sie in Dir auslösen«. Wichtiger als eine bestimmte Form der Kartenauslage oder -Interpretation ist daher Ihre Absicht, mit den Karten zu arbeiten.
**Rosenkreuzer:** wie die Freimaurerei oder die Alchemie eine wesentliche Säule der »Western tradition«, der abendländischen Esoterik. Maßgeblich für die esoterisch-okkulten Tarot-Interpretationen in der zweiten Hälfte des 19. Jahrhunderts.
**Rosy Cross:** s. *Waite, Arthur Edward.*
**Sacramentum Regis:** wörtlich »das Sakrament des Königs«, Ordensname von Arthur E. Waite im Golden Dawn-Orden; s. *Golden Dawn.*
**Schatten:** s. *Jung'sche Archetypen.*
**Selbst, das:** s. *Jung'sche Archetypen.*
**Selbständigkeit:** Für das aktuelle Tarot-Kartenlegen ist es typisch, daß der Frager oder die Fragerin die Karten selber mischt, selber auslegt, selber beschreibt und deutet.
**Schwerter:** Sie stehen für Geist, geistige Energie, für Be-

wußtheit, Wissen und Intellekt. Die Welt der Schwerter ist die Welt der Erkenntnisse und Entscheidungen, der Einfälle und Beurteilungen. Schwerter handeln von Gedanken und Vorstellungen, von der bewußten und ausdrücklichen Wahrnehmung der Welt und des Selbst, von Originalität, Freiheit, Lernprozessen und Klarheit. *Schlüsselbegriffe: Die Waffen des Geistes, Element Luft.*

**Signifikator:** Beim wahrsagerischen Kartenlegen wird die erste Karte einer Auslage als *Signifikator* bezeichnet; sie wird nicht gezogen, sondern vom Kartenleger als typisches Bild für den Klienten ausgesucht; heute eher verpönt.

**Stäbe:** Stäbe stehen für Wille, Lebensenergie, Daseinsfreude und Selbstbehauptung, für Kreativität, Schaffenskraft und Wachstum. Die Welt der Stäbe ist die Welt der Entschlüsse und Taten, des Engagements, der Verwirklichung und der Macht. Stäbe handeln von Unternehmungen und Auftritten, von Identität, Selbstvertrauen, Intuition, Begeisterung und Erfolg. *Schlüsselbegriffe: Triebe und Taten, Element Feuer.*

**Symbolsprache:** »Tarot ist Symbolik; andere Sprachen und Zeichen sind ihm fremd«, erklärte A.E. Waite. Er wandte sich vehement gegen die Legende vom »ägyptischen Ursprung« der Tarot-Karten. Er verwies darauf, daß die ersten Tarot-Karten in der italienischen Renaissance-Zeit entstanden und daß Tarot eine *allgemeine Symbolsprache* darbietet: »Der Tarot ist ohne Frage allegorisch [sinnbildlich], er ist sozusagen Symbolik, doch Allegorie und Symbol sind ein allgemeines Gut aller Länder, Nationen und Zeiten; sie sind nicht mehr ägyptisch als mexikanisch; sie sind europäisch und nordchinesisch, und man weiß um sie sowohl im Tibet, jenseits des Himalayas, wie auch in den Londoner Gossen. Als Allegorie und Symbol korrespondieren die Karten mit einer Vielzahl von Ideen und Dingen« (Bilderschlüssel zum Tarot, Waakirchen 1978, S. 33 f.). –

Der Begriff »Symbolsprache« stammt im übrigen von Erich Fromm, der in seiner Schrift »Märchen, Mythen, Träume« u. a. ausführte: »Ich halte (...) die Symbolsprache für die einzige Fremdsprache, die jeder von uns lernen sollte. Wenn wir sie verstehen, kommen wir mit dem Mythos in Berührung, der eine der bedeutsamsten Quellen der Weisheit ist, wir lernen die tieferen Schichten unserer eigenen Persönlichkeit kennen.«

**Subjektstufe:** s. *Objektstufe.*

**Tageskarte:** Die *Tageskarte* wird in der Regel ohne eine spezielle Fragestellung gezogen. Sie stellt ein Tagesthema für Sie da. Eine Station des Tarot, eine bestimmte Symbolik oder Thematik wird damit wie durch ein Vergrößerungsglas für den betreffenden Tag besonders hervorgehoben.

**Talent:** Das Talent war zu alten Zeiten ein Geldstück (Taler und Dollar stammen davon ab). Und Talent meint eine bestimmte Begabung, eine bestimmte Prägung, die wir besitzen und einsetzen können, und mit diesen verschiedenen Bedeutungsrichtungen beschreibt das Wort *Talent* recht gut das Bedeutungsspektrum der Farbreihe der Münzen; *s. Münzen; s. Pentakel.*

**Tarock und Tarok:** Bezeichnung für Tarot. *Der* Tarot und *das* Tarot – beide Bezeichnungen sind gebräuchlich.

**Tora:** Inschrift auf der Papierrolle der »Hohepriesterin«. Der letzte Buchstabe ist dabei verdeckt: Im Englischen wird die heilige Schrift der Juden *Torah* geschrieben, während wir sie im Deutschen *Thora* nennen. Natürlich kann Tora auch eine Anspielung auf TARO(T) sein, wie bei »X-Rad des Schicksals«.

**Umgekehrte Lage der Karten:** Die schematische Gegenüberstellung von aufrechter und *umgekehrter Lage* der Karten ist heute hinfällig geworden. Im Unterschied zu Wahrsagerei und älterer Esoterik gehen wir heute davon aus, daß *jede* Karte positive und negative Bedeutungen besitzt – auch und gerade im »aufrechten« Bild.

**Unio mystica:** *s. Erlösung, s. Gral.*

**Vexierbild:** Jede Karte läßt sich wie ein Vexierbild betrachten. Vexierbilder sind »Wackelbilder«, Wandelbilder, die je nach Blickrichtung eine andere Optik, ein unterschiedliches Bild darbieten; *s. Doppelgesicht.*

**Waite, Arthur Edward**, esoterischer Schriftsteller und Privatforscher. Geboren am 02.10.1857 in New York, verstorben am in 19.05.1942 in Bridge bei Canterbury, England. Der Vater, Kapitän der Handelsmarine, starb, als Arthur ein Kind war. Seine englische Mutter kehrte mit ihm und seiner Schwester nach London zurück, wo sie ein ärmliches Leben führten, von der wohlhabenden Familie verleugnet, da Waites Eltern nie offiziell verheiratet waren. Die Mutter trat zum katholischen Glauben über, und die prachtvollen römisch-katholischen Gottesdienste übten einen mächtigen Eindruck auf den jungen Arthur aus.

Das Geld für eine gute Schule fehlte, und so bildete er sich in jungen Jahren selbst an Massen von historischen Romanen und Groschenheften (»penny dreadfuls«). Später wurde die Britische Bibliothek, London, einer seiner Hauptaufenthaltsorte. Sein Lebenswerk sollte die Erforschung und Verbreitung der »secret tradition« (auch *Western tradition),* das heißt des Okkultismus und der Mystik des Abendlandes werden. Er verfaßte 46 Büchern, übersetzte oder editierte rund 40 weitere Werke, darunter französische Klassiker und alchemistische Handschriften. Waite galt und gilt als begnadeter Erfinder und Organisator von Ritualen und Zeremonien.

1891 schloß er sich dem »Hermetic Order of the Golden Dawn« an *(s. Golden Dawn-Orden),* verließ ihn kurz darauf, um sich ihm 1896 erneut anzuschließen, bis dieser 1903 zerbrach. Später gründete er eigene Orden, den »Independent and Rectified Rite of the Golden Dawn« (1904) und dann die »Fellowship of the Rosy Cross« (Gesellschaft des Rosenkreuzes, 1915). Immer mehr trat der »Heilige Gral« für ihn in den Mittelpunkt; *s. Gral.*

Die nach ihm benannten Tarot-Karten wurden von ihm entwickelt und erläutert; gemalt wurden sie von Pamela Colman Smith; *s. Colman Smith.* Die massenhafte Verbreitung ihres Tarot begann in den 1960er Jahren; diese sollten beide nicht mehr erleben.

*»Waites Name ist bis heute lebendig geblieben, weil er als erster die Geschichte des westlichen Okkultismus nicht als Konglomerat vorwissenschaftlicher Aspekte oder etwa als Religionspathologie verstand, sondern den Versuch unternahm, sie in ihrer Eigenschaft als geistige Tradition systematisch zu untersuchen (...) eine Pionierleistung (..), die das ‚Verbotene Wissen' in den Rang eines aufschlußreichen ideengeschichtlichen Studienobjekts erhob« (R.A. Gilbert: Arthur E. Waite.* Ein Magier besonderer Art. *[Biographie.] Königsfurt 1998, S. 216 f.).*

**Wands:** englische Bezeichnung für die *Stäbe,* wörtlich *Stab, Zauberstab.*

**Zahlenkarten:** der bezifferte Teil der kleinen Karten oder kleinen Arkana, die »kleinen Karten« von I (=As) bis X.

**Zahlenmystik:** Die Zahlenmystik oder *Numerologie* war vor allem eine Mode des 19. Jahrhunderts. Inzwischen hat sich die Situation gewandelt. Zahlen haben einen Funktionswert, aber keine inhaltliche Bedeutung – das gilt auch im Tarot.

**Zeitreise:** Symbole sind wie Fenster: Durch sie treten wir mit einer Wirklichkeit in Kontakt, die größer ist als die eigene; *s. Interpretationsregeln.* Tarot-Karten können wie Zeitfenster wirken, die uns den Übergang in nahe und ferne Epochen eröffnen.

Auch rückblickend erscheint als eine der bleibenden Leistungen der esoterischen Clubs und Orden des späten 19. Jahrhunderts die Veranstaltung von Fantasiereisen, von *virtuellen Zeitreisen.* Zu einer Zeit, als weder Freuds Traumdeutung noch Film und moderne Kunst existierten, verhalfen esoterische Rituale und Einweihungsübungen zu Meditationen, Traumreisen und Visionserscheinungen. Die heutige Tarot-Praxis kann diese Ziele direkt ansteuern, ohne daß wir dafür noch obskure Zeremonien praktizieren müßten.

**Zufall:** Den »Zufall« als schöpferischen Faktor und als bedeutungsvollen Teil der Wirklichkeit anzusehen, dies hat das Tarot-Kartenlegen nicht erfunden; es betreibt die Arbeit mit dem Zufall in spielerischem Ernst nur mit Methode und Absicht.

Den *Augenblick in seiner Bedeutung* zu verstehen, heißt, anstelle der früheren Pauschalurteile (entweder »Alles ist Zufall« oder »Es gibt keinen Zufall«) zu einer beweglicheren und adäquateren Auffassung überzugehen, die da lautet: »Ich sehe einen Zusammenhang«; *s. Improvisation.*

**Zum Schluß:** Der rote Faden im Umgang mit dem Tarot

besteht in der Arbeit mit *persönlichen Wünschen und Ängsten.* Sinnvolle Wünsche sollen von sinnlosen unterschieden und verwirklicht werden; unberechtigte Ängste wollen von berechtigten Ängsten getrennt und beseitigt werden. Solange Sie auf diesem Weg vorangehen, *nützt* Ihnen Ihre Art, mit Tarot und jeder anderen Art von Medium oder »Grenzwissenschaft« umzugehen. Und umgekehrt, auch eine reichhaltige Tarot-Praxis oder eine umfangreiche Symbolkenntnis bleibt im persönlichen Sinne wertlos, wenn jener rote Faden fehlen sollte.

Die Aufhebung persönlicher Wünsche und Ängste gipfelt in und beginnt mit der Karte »O-Der Narr«, *s. Seite 55.*

# Beschreibung & Deutung der Karten

# Zauberkraft

Die Zahl Eins ist unter den Zahlen, die im Tarot vorkommen, nicht teilbar. »Unteilbar« aber heißt lateinisch *individuum*. Als Magier/in gelingen Ihnen auf Ihrem Lebenswege Wunder, die für Sie ganz natürlich sind, so wie andere Menschen auf ihrem individuellen Weg Zauberstücke vollbringen, die für Sie immer unerreichbar bleiben werden, weil deren Weg nicht Ihrer ist.

Solange der eigene Weg nicht beschritten wird, erscheint manches »wie verhext«. Ohne *entwickelte Individualität* wissen wir entweder keine geeignete Brücke zwischen Himmel und Erde, Wunsch und Wirklichkeit zu bauen. Oder wir sind wie ein »Blitzableiter«, ein »Kanal« oder ein »Medium« nur Handlanger für Kräfte, die uns erfüllen oder umtreiben, ohne daß wir sie zu gestalten oder zu verantworten vermöchten.

Magie, die »Möglichkeit des Unmöglichen«, besteht darin, mit dem Kosmos, mit »Gott« und der Welt einszusein. Einssein öffnet die Tür zu unerwarteten Lösungen (und letztlich die Tür zu allem). Erste Voraussetzung ist ein eigenes, selbständiges Leben.

**In Ihren aktuellen Fragen brauchen und gewinnen Sie Erfindungsgeist – die Gabe, sich neu zu finden, und das Geschick, eine Lücke aufzutun oder eine Brücke zu bauen, die gerade Ihren Auffassungen entgegenkommt. Ihre ganz persönliche Chance kann Ihnen keiner vorführen oder wegnehmen! Sie bietet sich allein Ihnen.**

# Eigen-Sinn

Die Besonderheit der »Hohepriesterin« liegt in der seelischen Empfindung davon, was die eigene Person ausmacht, was sie von anderen unterscheidet und worin die persönliche Fruchtbarkeit besteht. Sie sondert die Flut der alltäglichen Erfahrungen und Eindrücke nach schwarz und weiß (B und J auf den Säulen: Boas und Jakim, sinngemäß Yin und Yang, »Jut« und »Böse«). Die Seele gleicht einem Spiegel, einer inneren Leinwand, die wie der Film in einer Kamera die äußeren Eindrücke ablichtet, allerdings mit der Eigenschaft, daß die Seele über ein Eigenleben verfügt. Oft ist sie der wahre Produzent oder die wirkliche Produzentin der »Filme«, die in unserem Alltagsleben ablaufen.

Begraben Sie fruchtlosen Eigensinn und finden Sie den *Sinn des Eigenen,* den eigenen Sinn! Lernen Sie, Gefühle, Träume und Ahnungen zu deuten. Nehmen Sie sie ernst, aber nicht unbedingt für bare Münze. Verstehen Sie sie in ihrer praktischen Bedeutung.

Geistigkeit und Sinnlichkeit, Ketzerei und Frömmigkeit, Animierendes und Schockierendes – verstehen und vertreten Sie, was Sie brauchen. **Einmal geht es vor allem darum, sich einen eigenen Raum zu schaffen, ein eigenes Zimmer, einen persönlichen Geltungsbereich. Ein anderes Mal geht es um die Öffnung der Mauern nach draußen, die Vernetzung der eigenen Gefühle mit denen vieler anderer.**

## Persönliche Natur

Setzen Sie sich mit Ihren Erfahrungen mit Frauen auseinander. Machen Sie Ihre Emotionen fruchtbar. Seien Sie zu sich und anderen (wie) eine gute Frau, Freundin oder Mutter.

Was Weiblichkeit bedeutet, offenbart das *Venus-Zeichen*: Der Kreis bedeutet nach traditioneller Auffassung Sonne, Geist und Bewußtsein, das Kreuz Erde und Materie. Das Symbol der Weiblichkeit und der Venus stellt somit ein Zeichen für die Verbindung von Geist und Materie dar. Körper und Geist sollen ein Ganzes ergeben! Der Mythos erzählt, daß Venus/Aphrodite einen magischen Gürtel besitzt, dessen Reiz sie unwiderstehlich macht. Diese Betonung der Gürtellinie der Aphrodite ist nicht allein unmittelbar sexuell zu verstehen. Die Gürtellinie ist außerdem der symbolische Ort für die Verbindung von Bewußtem und Unbewußtem.

Die sprichwörtliche Unwiderstehlichkeit der Venus besteht in der »Natürlichkeit«, im Ausdruck der inneren Bewegtheit, in einem Leben »mit Leib und Seele«. Diese Weiblichkeit zu leben, ist nicht nur für Frauen ein Thema, sondern auch für Männer.

**Wenn wir lieben und geliebt werden, blüht die persönliche Natur auf. Wo Sinn und Sinne ihre Chance erhalten, da wächst die Liebe und mit ihr die Schönheit des Daseins. Sprechen Sie Ihre Mitmenschen mit Respekt an, Sie werden vieles bewegen und reiche Früchte ernten.**

## Selbst-Regierung

Setzen Sie sich mit Ihren Erfahrungen mit Männern auseinander. Nutzen Sie Ihre Möglichkeiten (siehe *Crux ansata* – Henkelkreuz – und *goldener Apfel*). Seien Sie zu sich und anderen (wie) ein guter Mann, Freund oder Vater.

Wie jede Karte ist auch diese ein *Spiegel* – für einen Betrachter wie für eine Betrachterin. Ob und wie Sie sich selbst regieren, organisieren und motivieren, wird hier zum Thema. Wer regiert in Ihrem Leben?

Viermal enthält das Bild einen Widder-Kopf. In den Widder-Monat fällt das Osterfest. Dessen Hauptinhalt ist der Sieg des Lebens und die Überwindung des Todes. Mit dem Widder beginnt der gesamte Tierkreis; für ihn stellt *die Geburt ein andauerndes Lebensprinzip* dar: etwas zu beginnen, (mit sich) selber etwas anzufangen, das Leben zu erneuern!

Im eigenen Dasein sind wir immer der/die Erste. Wir betreten eine Wüste, die karg und öde erscheint, weil sie neu ist, erst erschlossen und bewohnbar gemacht werden will. Und dieses »wüste Neuland« (das »Wasteland« bei T.S. Eliot) sind wir jeweils auch selbst. Dies gilt für Männer wie für Frauen.

**Selbstbestimmung und Identität sind lebenslange Aufgaben. Wie der Fluß im Bild, bleiben wir uns treu, indem wir uns wandeln. Jeder Tag wird zum Neuland, wenn wir den vergangenen abgeschlossen haben. Wagen und genießen Sie es, ohne Vorbild und in eigenem Auftrag zu handeln.**

# Sesam öffne dich

Hierophant bedeutet wörtlich, Heiliges zu verkünden und zum Vorschein zu bringen. »Hierophant« hieß der Hohepriester in manchen der antiken Einweihungsschulen. Daran erinnert die Karte ebenso wie an den Papst der katholischen (bzw. der vormals gesamten christlichen) Kirche.

Diese Karte ist als Aufforderung zu verstehen, sich in Glaubensfragen *selbständig* zu machen. Was einst die Aufgabe der Priester und Hohepriester war, ist heute Thema für uns alle: Wie finden wir persönliche Antworten für die großen und kleinen Geheimnisse des Lebens? Wie organisieren wir entsprechende Feste, Rituale und Feierlichkeiten?

Es handelt sich um die Kunst, sich ein geeignetes Leitbild zu schaffen und sich der vorhandenen Stärken und Schwächen anzunehmen. Verwahren Sie sich gegen missionarischen Eifer und Bekennerdrang. Sprechen Sie mit anderen über Ihre Erfahrungen, Wünsche und Ängste, und lassen Sie sich von anderen in deren Erfahrungen, Vorstellungen und Bedürfnissen einweihen.

**Fragen stellen und Antworten geben – hören Sie zu und verstehen Sie beide Seiten. Finden Sie heraus, welche Ereignisse, welche Wende- und Höhepunkte des Lebens für Sie und für die Ihnen Nahestehenden wirklich von Bedeutung sind, und gestalten Sie diese großen und kleinen Anlässe aus Betroffenheit und mit Hingabe. Es gibt nichts Wichtigeres.**

## Paradies

Auf den ersten Blick einfach eine »supergute« Karte. Sie regt dazu an, all Ihre Erfahrungen und Erwartungen in Sachen Liebe und persönliches Paradies zusammenzutragen.

Und doch sind in den Bildern auch *Schattenseiten* enthalten. Der Engel ist komplett *zwischen* der Sonne und den Liebenden plaziert. Je mehr nun dieser Engel einen Quäl- oder Plagegeist, einen ungeklärten geistigen Horizont darstellt, um so mehr stellt er eine graue Wolke dar. Um so mehr stehen die Liebenden tatsächlich im Schatten. Gerade das Unmerkliche, das Unsichtbare gilt seit dem Altertum als Merkmal des Schattens (das Schwarze hingegen gehört eher zur *Finsternis*). Daß es bei diesem Bild schwieriger erscheint, die Schattenseiten zu erkennen, dieser Umstand entspricht der Bedeutung des Schattens!

»Liebe«, die vorwiegend nach persönlicher Übereinstimmung und Gleichartigkeit sucht, wird immer wieder zu Enttäuschungen führen, weil zunächst nicht wahrgenommene Schattenseiten schließlich oder plötzlich als trennende Unterschiede erlebt werden. Umgekehrt eröffnet sich uns ein wirkliches Paradies der Liebe, sobald der *Unterschied*, nämlich die Originalität jedes/r Beteiligten als Basis genommen wird.

**Die Schattenseiten aufzuklären heißt, der Liebe eine neue Chance zu geben! Nehmen Sie sich und andere mit Liebe und Erkenntnis an. Ein neues Paradies erwartet Sie!**

## Selbst-Erfahrung

Wie sehen Sie den Wagen? Fährt er oder steht er still? Beide Betrachtungsweisen sind möglich. Die Sphinxen ziehen den Wagen nicht, sie sind ihm vorgelagert. Die Rätsel von heute bereiten den Weg von morgen. Wo Sie Ihre inneren Antriebe und äußeren Ziele aufarbeiten und von Projektionen befreien, da bestätigt sich auf neuer Stufe der Zauber des »Magier«.

Der Wagenlenker kann seine Gefühle, seine Lebensgeschichte, in deren Mitte er steckt, nicht vollständig »in den Griff« bekommen; er kann nur eine richtige Einstellung zu seinem »Karma«, zu seinem Unbewußten finden. Dann trägt ihn der Wagen, und es wird eine angenehme Lebensreise, ohne daß er sich eingepfercht und ungewollt fortgerissen oder gebremst fühlen müßte.

Sie heben Ihr »Karma« auf und machen selber Geschichte. Ohne selbständige Auseinandersetzung und ohne Selbsterfahrung läuft hier gar nichts. Sie müssen tatsächlich etwas *wagen*: Nämlich für sich und aus sich heraus zu handeln, in eigener Sache, aus eigenem Antrieb und zur eigenen Zufriedenheit.

**Setzen Sie sich in Ihren aktuellen Fragen sorgsam mit den gegebenen Widersprüchen auseinander. Schützen Sie sich vor Menschen, denen die eigenen Widersprüche verschlossen sind. Mißtrauen Sie Einbahnstraßen und Lösungen, die für alle gleich sind. Fahren und verweilen Sie im eigenen Tempo, im eigenen Rhythmus.**

# Lebendigkeit

Die weiße Frau, der rote Löwe und der blaue Berg sind (auch) Sie selber: Als ganzer Mensch anwesend sein, alle Kräfte im Brennpunkt des Augenblicks versammeln; Formung und Formulierung eines einheitlichen Willens; Warnung vor innerer Zerrissenheit und einem permanenten Kampf gegen sich selbst und/oder andere.

So, wie die Köpfe von Löwe und Frau hier einander zugeneigt sind, verdeutlicht das Bild einen wechselseitigen Erkenntnisprozeß. Es geht darum, daß *Gesicht* und *Geschlecht* sich sozusagen gegenseitig ins Auge schauen, sich unterscheiden und anvertrauen. Der alte esoterische Lehrsatz »Wie oben, so unten« findet hier eine verblüffend unmittelbare Anwendung: Wie im Oberstübchen, so im Unterleib! Das Wohlergehen des einen setzt das des anderen voraus. Weil dies ein lebenslanges Abenteuer darstellt, erinnert das Unendlichkeitszeichen nicht zufällig an das gebräuchliche Ehe- und Partnerschaftssymbol, das zwei verschränkte Ringe zeigt. Zugleich stellt die »Acht« auch die Warnung (»Achtung!«) vor einem ausweglosen Kreislauf dar.

**Leben Sie mit Wildheit und Weisheit! Der sexuelle Höhepunkt hat seine eigenen Zwecke in sich. Wie Kraft, Lust und Stärke. Zusätzlich ist er auch ein Gleichnis, ein *Beispiel* dafür, wie wir auch in jedem anderen Bereich des Lebens alle persönliche Energie im Augenblick vereinen können.**

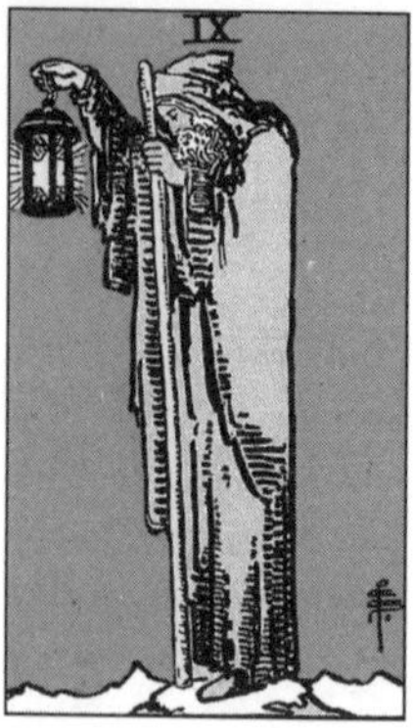


## Heilung

Die Laterne und das Licht darin sind Symbole des menschlichen Verstandes und unseres Anteils am »göttlichen« Licht. Jeder Mensch hat die Notwendigkeit, gewisse Probleme zu erkennen und zu beheben. Jede/r hat die Möglichkeit, die Welt ein Stück weit heiler zu machen. Die Laterne zeigt auch, daß hier eine besondere Wachsamkeit und Offenheit für die Erfordernisse des Augenblickes gefordert ist. Wie im biblischen Gleichnis von den klugen und den törichten Jungfrauen: Die klugen halten ihr Licht bereit und bleiben wach!

Viele der historischen Eremiten gingen in die »Einsamkeit«, um die Fülle des Lebens zu erfahren. Sie suchten die »Gegenwart Gottes«, was in religiöser Auffassung dem Maximum einer menschenmöglichen Entwicklung entspricht. Askese bedeutete für sie weniger Entbehrung oder Verweigerung als vielmehr der Verzicht auf Unnötiges.

In der Aufarbeitung der Widersprüche, die in uns und um uns bestehen, bestärkt sich unser Licht. Nicht die Schuldlosigkeit als Verantwortungslosigkeit, nicht die Flucht in Unzuständigkeit oder Unzurechnungsfähigkeit bringen uns der überragenden Kraft des »Eremit« näher. **Er verkörpert vielmehr einen Menschen, der zur gegebenen Zeit seine Probleme löst und seine Aufgaben erledigt, ohne etwas unter den Teppich zu kehren. Darum geht es auch in Ihren aktuellen Fragen!**

# Lebensglück

Eine vielschichtige Bildkomposition: Wir müssen viele Seiten des Lebens studieren, teilweise regelrecht buchstabieren, bis wir einen gemeinsamen Bezugspunkt, einen durchgehenden Zusammenhang feststellen. Aber ohne innere Mitte, ohne persönlichen Bezugspunkt bleiben alle Zusammenhänge hohl und leer. Das gilt für das Bild, aber es meint auch Ihr persönliches Schicksal.

Wenn das große Weltgeschehen in Ihnen seinen Widerhall findet und wenn Sie selbst für Wohlklang und Nachhall in der Welt sorgen, dann bestehen fruchtbare Resonanzen. Es entstehen Harmonien, Korrespondenzen und Resonanzen zwischen Ihnen und dem Lauf der Welt.

Die Zusammenarbeit mit dem Schicksal beginnt und wächst mit der liebevollen, aber auch kritischen Annahme von »Zufällen« und solchen größeren Zusammenhängen, die über das eigene Fassungsvermögen hinausgehen. Die Arbeit mit dem Zufall, wie sie etwa das Tarot-Kartenlegen erlaubt, ist ein ideales Training dafür.

**Glück bedeutet, daß etwas glückt, also dauerhaft gelingt – weil der eigene und der Wille des »Schicksals« übereinstimmen. Ziehen Sie eine Summe aus allen zugänglichen Erfahrungen und konzentrieren Sie sich dabei auf die wesentlichen Wünsche und Ängste.**

# Genugtuung

Hier geht es um eine Grenzerfahrung, die uns deutlich macht, was größer ist als wir. Es geht um den bewußten Umgang mit der Lebenskraft, die bewußte Lust, das Göttliche, das auch dann noch größer ist als wir, wenn wir uns selber optimal entfalten und wachsen. »Gerechtigkeit« ist hier jedenfalls kein abstraktes Prinzip, sondern die praktische Frage danach, wie wir vielfältigen, vitalen Bedürfnissen zur gleichen Zeit Genugtuung und Befriedigung verschaffen.

»Unsere Erfahrungen verwandeln sich meist rasch in Urteile. Diese Urteile merken wir uns, aber wir meinen, es seien die Erfahrungen. Natürlich sind Urteile nicht so zuverlässig wie Erfahrungen. Es ist eine bestimmte Technik nötig, die Erfahrungen frisch zu erhalten, so daß man immerzu aus ihnen neue Urteile schöpfen kann« (Bertolt Brecht). Diese »Technik der frischen Erfahrung« ist der Dienst, den uns die »Gerechtigkeit« erweisen kann.

Das vorherrschende Rot ist die Farbe der *Libido*, des Herzbluts, der Triebenergie. Mit Waage und Schwert werden die Triebimpulse gerichtet – möglichst eben nicht abgeurteilt, sondern *auf- und ausgerichtet!*

**Hüten und schützen Sie sich vor sinnlosen Idealen und vor Gewaltsamkeiten im Namen der Liebe. Geben Sie allen Beteiligten eine neue, faire Chance. Machen Sie den Weg frei – für mehr Liebe, Lebenslust und Anerkennung.**

# Passion

Auf den ersten Blick erscheint die »Hängepartie« der Bildgestalt einigermaßen verrückt. Und das Verrückte, das Entrückte wie auch das Absurde gehören zum Inhalt dieses Bildes. *»Lieber aus der Rolle fallen als in eine Falle rollen«* (Autor unbekannt, für B.Z.).

Allein, es ist nicht so sehr erforderlich, prominente »Gehängte« wie Merlin oder Odin zu zitieren oder auf »exotische« Übungen bei einigen schamanischen Einweihungslehrgängen zu verweisen, als vielmehr etwas sehr Naheliegendes zu erfassen: »Der Gehängte« besitzt einen durchaus üblichen, einen klaren und eindeutigen Standpunkt; nur daß sein Bezugspunkt nicht auf der Erde, nicht irdisch definiert ist. Sein »Standpunkt« ist die himmlische, willensmäßige, transzendente Perspektive. Sein Glaube trägt ihn. Sein Glaube bindet und verpflichtet ihn. Sein Glaube schenkt ihm im glücklichen Falle Vertrauen, Gelassenheit und Entspannung.

Untersuchen Sie die Anhaltspunkte, die Sie für Ihren Glauben und Ihr Vertrauen besitzen. Deuten Sie die Gefühle, die Träume, die unbewußten Regungen bei allen Beteiligten. Versuchen Sie auch einmal, die gegenteilige Position einzunehmen oder zu verstehen. **Spielen Sie nicht den Märtyrer, und lassen Sie es nicht zu, daß Leid verherrlicht wird. Wenn Sie aber Ihren Glauben geprüft haben, scheuen Sie sich nicht, sich ihm restlos anzuvertrauen.**

# Lebendige Ewigkeit

Trauer über Tod und Verlust ist unvermeidlich. Doch die grausamen Ängste eines verdrängten Todes sind unnötig und unwürdig.

Bei Licht betrachtet, führt es zu einer gesteigerten oder tieferen Lebendigkeit, wenn man sich seines Pulsschlages und der eigenen Zeitlichkeit bewußt wird. Ältere Tarot-Bilder zeigen den »Tod« als Schnitter und Sensemann. Oft wird dazu in Kommentaren die Aufgabe formuliert, sich im Loslassen zu üben. Aber dies allein ist eine ungenügende, einseitige Betrachtungsweise. *Der Schnitter will auch ernten!* Er zerstört nicht nur. Er schafft auch *Platz für Neues*. Er will Früchte nach Hause tragen. Das ist der Beruf des Schnitters. Das vorliegende Bild macht den gleichen Aspekt in der *Erntekrone* sichtbar, welche der Schwarze Reiter in seiner Standarte trägt.

Trennen Sie sich von dem, was tot ist, aber behalten Sie, was lebt. Stellen Sie fest, was jetzt zur Ernte reif ist, und wo Sie, umgekehrt, Platz schaffen sollten für eine neue Aussaat.

Die Karte thematisiert auch »positive Aggressionen«, die Kraft, notwendige und einschneidende Veränderungen selber vorzunehmen. Sie können lernen, Ihre Kraft und Ihre Macht nicht gegen andere, sondern *für sich* einzusetzen. **Man kann tot sein, lange bevor man stirbt. Und man kann leben, lange nachdem man gestorben ist!**

## Lebensaufgabe

Ein Engel mit Bodenberührung, die blauen Berge im Hintergrund: Inhalt des Bildes ist die Hochzeit von Himmel und Erde oder, wie die Alchemisten des Mittelalters es nannten, das *mysterium coniunctionis* (das Geheimnis der Vereinigung). Dies war für sie das Ziel des »Großen Werks«, gleichbedeutend mit dem Stein der Weisen.

Heute bedeutet die Karte oft ein »Fegefeuer«: Die große Versöhnung, die Aufhebung der Gegensätze. Das rechte Maß – eine Kardinaltugend. Aber auch: Triumph des Wunschdenkens, falsche Suche nach dem Absoluten, symbolisches oder theatralisches Leben.

Die Karte ermuntert, die Widersprüche des Lebens selbst in die Hand zu nehmen. Sie sollen Tatsachen weder ignorieren noch vor ihnen kapitulieren. Tatsachen lassen sich ändern, sie sind eine Sache der Tat. So finden Sie die für Sie richtigen *Lebensaufgaben*.

Hüten und schützen Sie sich vor Manipulationen. Die Anerkennung aller (!) Tatsachen erzielt den maximalen Erfolg. Je mehr Sie die realen Widersprüche Ihres Lebens in die Hand nehmen, um so mehr gelingt es Ihnen, die Dinge so zu nehmen, wie sie sind, und – nicht dennoch, sondern gerade deshalb – dem persönlichen Willen zum Erfolg zu helfen. **Der Versuch, die Dinge zu manipulieren oder sich und anderen etwas vorzumachen (»weiß-zu-machen«), um den eigenen Willen zu schützen, wird überflüssig.**

# Tabu-Arbeit

Der Teufel stellt ein Stück ungestaltete Natur dar. Der große Vorteil dieses Bildes besteht darin, daß unterschwellige Bereiche nun über die Schwelle treten: Man kann sich mit ihnen auseinandersetzen und ist nicht mehr ihrem Wirken im Verborgenen ausgeliefert.

Lassen Sie sich also nicht ins Bockshorn jagen. Hier haben Sie die Chance, sich ein paar alte »Hörner« abzustoßen. Auf der einen Seite stellt der »Teufel« einen Vampir dar. Eine wirkliche Belästigung, womit wir uns und anderen das Leben schwermachen. Davor fürchten wir uns zurecht, und diesen Teil des Schatten können wir jetzt loswerden, weil wir ihn erkennen.

Auf der ganz anderen Seite verkörpert der »Teufel« ein Kellerkind. Das ist ein Teil von uns, den wir bisher stiefmütterlich oder stiefväterlich behandelt haben, obwohl wir eine Sehnsucht nach ihm empfinden. Diesen können wir jetzt heimholen.

Achten Sie darauf, daß Sie beim »Teufel« – wie bei jeder anderen Karte – positive *und* negative Seiten im Bild erkennen können.

**Wenn Sie Licht ins Dunkle bringen, zerfällt der Vampir zu Staub, und das Kellerkind gewinnt Form und Farbe. Stellen Sie sich dem Unbekannten, beobachten Sie es, bis Sie genau wissen, was Sie davon nutzen können und was nicht.**

# Fliegen lernen

Betrachten Sie die beiden fallenden oder fliegenden Gestalten und den mächtigen Blitzschlag: Was ist die Ursache, was die Wirkung? Wenn Sie sich fallenlassen, über das Bisherige hinausgehen, weil Sie sagen: »Ich halte es einfach nicht mehr aus« oder »Ich will etwas anderes«, dann setzen Sie durch Ihre Tat große Energien frei, die im Bild durch den Blitz dargestellt werden. In diesem Sinne geht es hier um den Absprung von versteinerten Verhältnissen, um den Ausbruch aus einem Elfenbeinturm.

Der Turmbau von Babel führte zum Verlust des Bauwerks, zur Zerstörung und auch zur bekannten »babylonischen« Sprachverwirrung: Die Menschen verstanden einander nicht mehr. Das Pfingstereignis stellt eine Umkehrung des Turmbaus zu Babel dar. Der »Heilige Geist« kommt in Gestalt von Feuerzungen auf die Jünger herab, diese beginnen zu reden, und jede/r hört sie in der eigenen Muttersprache reden. Statt Sprachverwirrung, also eine Aufhebung der Sprach- und Verständigungsgrenzen.

Zwei völlig verschiedene Arten, »aus dem Häuschen« zu geraten. Gewalt zerstört und führt zu Sprachlosigkeit und Verwirrung. Liebe ermöglicht eine Verständigung über Grenzen hinweg.

**Lassen Sie sich fallen! Riskieren Sie mehr Direktheit! Sie schützen sich um so besser vor gewaltsamen Zumutungen, je bewußter Sie selbst mit »Hochenergien« leben.**

# Schönheit und Wahrheit

Reiner Geist, wahre Schönheit. Kosmische Klarheit und persönliche Transparenz, doch auch gefrorene und fixierte Gefühle. *Leitstern,* Inbegriff unserer Lebensziele, aber auch der vergeblichen Wunschträume. Die Karte kann für Unverschämtheiten sowie für eine übertriebene Suche nach Sensationen stehen, wie sie sich in vielen Formen des Star-Kults darstellt.

Die Gefahr von Selbstverlorenheit oder narzißtischer Selbstverliebtheit. Und die Chance des Selbstverständnisses: Sie begreifen das Gefäß, das Sie selbst sind! Krüge und Kelche symbolisieren seelische Bedürfnisse, Wünsche und Ängste. Zugleich besagt eine alte Vorstellung, daß der Mensch als ganzes ein Gefäß in der Hand Gottes ist – ein Gefäß, das sich im Laufe des Lebens füllt und leert, ein Gefäß, das den Anteil des einzelnen am ewigen Strom des Lebens symbolisiert.

In positiver Bedeutung symbolisiert der Fuß auf dem Wasser die Tragfähigkeit der Seele, die *Aufhebung* von Wünschen und Ängsten. Die Sternenfrau verkörpert dann die Schönheit und die Wahrheit der persönlichen Eigenart.

**Folgen Sie Ihrem Stern, finden Sie den Weg zu Ihren ureigenen Quellen. Zeigen Sie die Brillanz Ihrer Person. Tauen Sie vereiste Gefühle auf. Schlimme Erfahrungen wollen verarbeitet und erledigt, schöne Hoffnungen zu Ende geträumt und verwirklicht werden!**

# Erlösung

Das kollektive Unbewußte, die »ozeanischen« Gefühle. Der »Mond« ruft verborgene Regungen ans Licht, sogar den Krebs, d. h. tiefste, uralte Instinkte, und einen goldgeschmückten Himmel, welcher auf einmal zum Greifen nahe erscheint. Wie eine Vollmondnacht kann dies recht aufwühlend wirken. Wir erleben uns in Instinkten und Stimmungen, die wir häufig nicht einzuschätzen wissen. Eine große Gefahr besteht in diesem Zusammenhang darin, daß wir uns von den seelischen Wechsellagen absorbieren lassen. Anstatt persönlich ins Bild zu treten, tauchen wir womöglich unter wie der Krebs, heulen den Mond an wie die Hunde (bzw. Hund und Wolf) oder stehen versteinert da wie die Türme.

Die große Chance liegt jedoch darin, daß wir uns in jedes Lebewesen einzufühlen vermögen.

»Fremde in der Nacht«: Die Verheißung der Karte ist die *Erlösung* des vormals Verdrängten. Die Tiefen und Höhen nehmen Gestalt an. Nichts Menschliches bleibt uns fremd!

Hier ist Ihr Mut zu großen Gefühlen gefordert! Sie lernen, sich auch in großen Emotionen zu bewegen, ja, freizuschwimmen. Fürchten Sie nur die Ahnungslosigkeit gegenüber den großen Kräften des Unbewußten. Finden Sie eine Einstellung zu dem, was nicht mehr kalkulierbar und nicht allein verstandesmäßig faßbar ist. **Somit eine Karte, die Sie ermuntert, das Herz zu öffnen und jede Abhängigkeit oder Befangenheit abzulegen.**

# Erleuchtung

Das allgemeine, kollektive Bewußtsein (die große Sonne) erleuchtet den eigenen Weg. Wenn Sie umfassend sagen können: »Es ist gut so!«, erleben Sie eine neue Selbstverständlichkeit – eine Fraglosigkeit, die Sie – wenn jemals – in den glücklichen Tagen Ihrer Kindheit erfahren haben. Nun scheint diese Sonne auch im Erwachsenenleben und wirkt wie ein Segen!

Sobald wir einmal die Kinderschuhe ausgezogen haben, gehört ein bewußter Akt dazu, wieder zum Kind zu werden. Dieser Akt wird die »Zweite Geburt« genannt. An die Stelle eines herkömmlichen Verhaltens und Denkens tritt ein selbsterprobter Lebensstil. Wahlverwandtschaft ersetzt Blutsverwandtschaft (wobei man natürlich auch die alten als die neuen Verwandten bestätigen kann). Wille und Bewußtsein bestimmen die großen und die kleinen Dinge des persönlichen Lebens anstelle von Gewohnheit und Wiederholung.

Als Erwachsener wieder Kind zu sein ist etwas, das Sie von nicht-erwachsenen sowie von nur-erwachsenen Menschen unterscheidet: Sie sind auf beiden Seiten der Mauer zuhause. Sie verfügen damit über ein unglaubliches Energiepotential (siehe die Fahne), weil Sie eine Brücke zwischen persönlichem Willen und allgemeinem Bewußtsein schlagen können.

**Finden Sie den Platz, wo für Sie die Sonne scheint! Hüten und schützen Sie sich vor Blendwerk. »Liebe Gott, und tu, was du willst« (Augustinus).**

# Tägliche Wandlung

Der *»jüngste Tag«* ist heute. Hier tut sich alles auf: Die »Beziehungskisten«; Probleme, die wir schon lange mit uns herumtragen; Bereiche, die wir bisher wie ein »Blaubartszimmer« noch nicht berührt haben; das *memento mori* (gedenke, daß du sterben wirst); die Hartnäckigkeit bestimmter Probleme, die wiederkehren, obwohl sie erledigt sein sollten.

Als Barke auf dem Wasser symbolisieren die Kisten das menschliche Bewußtsein; dessen ganze Inhalte zeigen sich hier, unsere männlichen, weiblichen und kindlichen Anteile sowie deren jeweilige Spiegel- oder Schattenseiten. Gleichzeitig steht der schwarze Inhalt der geöffneten Rechtecke für die *prima materia* (den Ursprungszustand), für unsere materiellen und seelischen Wurzeln. Damit zeigen sich hier auch unsere grundlegenden Triebe und Bedürfnisse (»basic instincts«). Die Nacktheit der Bildfiguren offenbart die Geschlechtlichkeit, die Geheimnisse von Geburt, Hochzeit und Tod. Es ist eine Karte, die Sie auffordert, auch die extremen Seiten des Lebens zu unterscheiden und zu verbinden, wie es das Kreuz auf der Fahne darstellt.

**Strecken Sie die Arme aus, um sich zu versöhnen oder um sich zu verabschieden. Ziehen Sie einen Strich unter das, was war. Geben Sie sich und anderen eine neue Chance. Lassen Sie sich nicht überwältigen. Sie können selber wählen.**

# Bewußtes Sein

Da die Karte DIE WELT heißt und zugleich eine Frauenfigur zeigt, ergibt sich: Für Männer ist es wichtig, sich in der Frau zu erkennen, um die Welt zu verstehen. Und: Die Frau muß sich in der Welt erkennen, um sich selbst zu verstehen! Alles gilt es auf einen Nenner zu bringen. Der Zweck der Auseinandersetzung mit den Polaritäten des Lebens ist es, *auf der Höhe der Zeit zu leben* – eine persönliche Lebenswelt einzurichten, die die Fülle der gebotenen Möglichkeiten ausschöpft!

In dem grünen Kranz und dem hellblauen Fluidum begegnen wir einem umfassenden Schutz, den »Mutter Erde« und der Kosmos uns anbieten. Wir fühlen uns dann rundum wohl in unserer Haut, wie ausgestattet mit jener »Glückshaut«, von der Märchen und Legenden erzählen. Allerdings stellt das vorliegende Bild auch eine gefährdete Lebenssituation dar, in der ein Mensch im Rahmen des Bestehenden einzugehen droht (wie lebendig eingemauert), wenn er es versäumt, seine eigene Rolle zu spielen.

Hier heißt es, die Zeichen der Zeit erkennen und selber Zeichen setzen: Entwickeln Sie ein Bewußtsein für die eigenen Grenzen und Gelegenheiten. **Nehmen Sie Anteil an der Welt, und die Welt wird Anteil an Ihnen nehmen. So wird das individuelle Leben um eine universelle Komponente bereichert, das einfache Leben wird gleichsam verdoppelt (siehe die zwei Zauberstäbe): »Du lebst nur zweimal!«**

## Nirwana / Lebensmitte

Wie werden Sie wunschlos glücklich? Die Null *warnt* vor einem Leben nach der Devise »außer Spesen nichts gewesen«. Zugleich bezeichnet sie den innerpersönlichen Schnittpunkt, die Stelle des inneren Zusammenhaltes; wie der Nullpunkt eines Koordinatensystems: Anfang und Ende von allem, was die eigene Person ausmacht. So wird die Null zum *Symbol des Wesentlichen* und der Kunst, überall zuhause zu sein, weil man in der Mitte lebt. Eine innere Leere oder Stille (siehe die weiße Sonne) ermöglicht den Verzicht auf äußere Vorbilder und Identifikationen; sie erfährt zugleich die Fülle des Lebens *aus und in der Mitte.*

Die »Lebensmitte« ist eben nicht nur eine ungefähre Altersangabe. Sie bezeichnet vielmehr die *Mitte der Lebendigkeit,* einen Energie- und Bewußtseinszustand, der die allseitige Entwicklung des Menschen auf der jeweiligen Höhe der Zeit ermöglicht; diese Lebensmitte ist völlig unabhängig vom Alter.

Durch sie entstehen Verbindungen und *Synchronizitäten* (Gleichzeitigkeiten) zwischen dem Einzelnen und dem Ganzen. Man kann es auch das »Forrest Gump-Prinzip« nennen: Zur richtigen Zeit an der richtigen Stelle zu sein. **Der Zusammenklang von Mensch und Welt bedeutet zugleich das Maximum an persönlicher Effektivität. *Mehr* kann man nicht erreichen und bewirken. Und weniger wäre ein Verzicht auf vorhandene Möglichkeiten.**

# Power auf Dauer

Stab, Katze, Löwe und Sonnenblume zeigen die »Königin der Stäbe« als eine energiegeladene Person. Majestätisch, breitbeinig und aufmerksam wie sie dasitzt, drückt sie Selbstbewußtsein und Handlungsbereitschaft aus. Sie traut sich etwas zu und begegnet dem Leben in grundsätzlicher Offenheit. Und dennoch befindet sie sich in einer scheinbar unmöglichen Situation:

Mit der Blume in der Wüste macht sie entweder deutlich, daß sie keinen Boden, keine Wurzeln für ihre blühende Lebenskraft besitzt und schnellstens Wasser holen muß, damit ihre blühende Pracht nicht eingeht. Oder sie steht vor einer Aufgabe bzw. verfügt über eine Fähigkeit, welche sonst nur noch der »Herrscher« besitzt: *Eine Wüste in einen Garten zu verwandeln!*

Ihre aktuellen Fragen erfordern Leidenschaft und Bewußtsein, in jedem Fall eine besondere Treue zu sich selbst. Als Frau kommt es darauf an, daß Sie phallische und heroische Kräfte nicht den Männern überlassen, sondern Ihre eigene Power zur Geltung bringen nach dem Motto »Hexenbesen kehren gut«. Als Mann müssen Sie die wilde Katze in sich selber finden und lernen, den Tiger zu reiten. **Zeigen Sie, was in Ihnen steckt. Bestimmen Sie Ihre Lebensziele selber und bewahren Sie Ihre Lebensfreude! Teilen Sie sich Ihre Aufgaben ein, und betonen Sie jeden Schritt.**

# Feuerprobe

Der Salamander ist das Fabeltier, das durchs Feuer geht. Auch Sie können Feuerproben aushalten und gestalten. Mehr noch: Sie brauchen sie sogar. Denn im Feuer kann toter Ballast verbrennen; die Schlacke setzt sich ab, und das Edle tritt hervor. Ihr Wille erlebt Tod und Wiedergeburt. Wenn Sie Feuerproben grundsätzlich bejahen, vermögen Sie eine Grenze zu ziehen und sich vor ungesundem Streß effektiver zu schützen.

Nehmen Sie also die Aufgaben und die Herausforderungen des Augenblicks an. Greifen Sie zu, ziehen Sie sich im entscheidenden Moment nicht wieder zurück. Das heißt auch, daß Sie die wesentlichen Brennpunkte des Feuers – Sexualität, Leben mit Kindern und Abenteuer – nicht als Alternativen sehen, sondern *allesamt* ausleben. Diese unterschiedlichen Triebe gleichzeitig blühen zu lassen, ist die größte Feuerprobe überhaupt. Sie führt uns zur persönlichen Lebensmitte.

Als Frau kann es besonders wichtig sein, selbständig zu handeln und »Tod und Teufel« nicht zu fürchten. Als Mann kann es darauf ankommen zu prüfen, für welche Zwecke Sie sich tatsächlich engagieren.

**Der machtvolle Thron, nach oben ohne Ende, symbolisiert, daß für Sie *der Himmel keine Grenzen* kennt. Auch hölzernen Aggressionen und einem hehren Draufgängertum treten Sie am besten entgegen, wenn Sie für das, was Sie lieben, ganz und gar durchs Feuer gehen!**

# Farbe bekennen

Mit dem Stab mitten in der Wüste: Ein »wüstes" Leben oder aber die Kunst, eine Wüste in einen Garten zu verwandeln. *Lebensaufgaben*, die so groß sind, daß Sie all Ihre Kräfte darin verwirklichen können.

Gehen Sie aus sich heraus, nicht ohne Rücksicht auf Verluste, aber ohne Rücksicht auf bestimmte Vor-Erwartungen oder Vor-Urteile. Bleiben Sie in Bewegung. Personen und Ereignisse werden Ihnen in ihrer Bedeutung klar, wenn etwas *geschieht*. Damit Sie sich nicht die Finger und anderes mehr verbrennen, sind Sie auf ein intuitives Reaktionsvermögen angewiesen.

Für Ihre praktischen Fragen gilt, daß Sie sich mit allen Seiten Ihrer Persönlichkeit engagieren sollen. Sie müssen ganzheitlich handeln, und im Handeln werden Sie erkennen, welcher Weg für Sie der richtige ist. Für Frauen bedeutet dies oft, selber die Führung zu übernehmen. Sie müssen sich selber führen und volle Verantwortung übernehmen. Für Männer kommt es häufig darauf an, feinfühliger zu werden für die Widersprüche der eigenen Person und die Widersprüche zu anderen. Sie müssen verstehen, daß jeder Widerspruch, den Sie bemerken und auf den Sie reagieren, Sie stärkt.

**Bringen Sie sich ganz ein. Verstehen Sie, wonach Sie und andere suchen! In Ihnen stecken enorme Energien, auf Sie warten große Aufgaben und Abenteuer.**

# Feuer und Flamme

Der »Page oder Bube der Stäbe« lebt in einer Situation, worin der Stab einfach *größer* ist als die Person selbst. Der Trieb ist stärker als die Lebenserfahrung. Es geht um neuartige Erfahrungen. Tatendrang und Wachstumslust stellen Sie jetzt vor die Aufgabe, über sich selbst hinauszuwachsen.

Dabei ist der Page entweder vor seinem Feuer »auf der Hut«, oder seine Flamme »geht ihm über die Hutschnur«. Er erfaßt dann seinen eigenen Brennpunkt nicht, wie jemand, der für seine »Flamme«, für ein Idol schwärmt, oder wie jemand, der nicht weiß, was er tut. Gleichgültig, wie alt Sie sind oder sich fühlen, hüten Sie sich in Ihren aktuellen Fragen vor ahnungslosem Eifer und vor Trieben, die Sie in die Irre führen.

Ihnen bieten sich neue Angebote, neue Herausforderungen, Chancen, Bewährungsproben und Bestätigungen. Begreifen Sie Energien, die größer sind als Sie selbst. Halten Sie sich an das, was Ihr Herz in Schwung erhält!

**Trauen Sie dem Glück der Stunde und begeistern Sie sich für einen Neuanfang, der Sie erneut zum Ausgangspunkt Ihrer Feuerenergie führt: Wie Sie einst die Welt betreten haben, voller Lebenswillen, instinktiven Wachstumsdrangs und selbstverständlicher Triebkraft, so können Sie auch Ihr jetziges Leben neuentdecken, spielerisch erobern und jeden Erfolg oder Mißerfolg, jedes Ereignis als neue Erfahrung begrüßen.**

# Lebenskraft

Der Stab ist ein Penis-Symbol, auch wenn davon in Tarot-Büchern nur wenig die Rede ist (dafür in der Literatur zur Traumdeutung um so mehr). Sexualität, Potenz und phallische Kraft gehören nicht nur »dazu«, sie sind Inbegriffe der Feuerkraft. Als Penis-Symbol bezeichnet er Kräfte, die Männern, aber eben *nicht nur* Männern zukommen. Der Hexenbesen, das Symbol der schwarzen Katze und das Bild der »Königin der Stäbe« zeigen den Stab auch als Teil der Frauenmacht.

Das Feuer schenkt Ihnen die Kraft der Triebe, die Flamme der Lebendigkeit und die Dynamik des Willens. Die Hand aus der Wolke: Es ist ein Geschenk des Lebens, daß Sie jetzt das Feuer noch einmal neu entdecken und in die Hand nehmen können. Der Wille zu sich selbst und die Lust, über sich hinauszuwachsen, stellen die beiden Pole eines Feuerstabs dar. Tragen Sie dazu bei, daß menschliche Kälte, Farblosigkeit und »tote Hosen« ebenso in ihre Schranken verwiesen werden, wie die ohnmächtigen und gewaltsamen Feuerkräfte, die über die Erde irrlichten.

**Sexualität, Abenteuer, das Leben mit Kindern und Alten (auch mit dem inneren Kind und dem weisen Alten in sich) – alle Arten von Schöpfungskraft fördern die kunstvolle Nutzung des Feuers. So spinnen Sie Stroh zu Gold. Lassen Sie sich von niemand das Gesetz des Handelns aufzwingen. Sie haben das Heft in der Hand.**

# Vertrauen in die eigene Kraft

Lust und Last des Anfangs: Die Kunst, mit vielen Menschen, Aufgaben und Energien etwas *anfangen* zu können. Nur wer auch Anfänger/in sein kann, lernt ein bestimmtes Metier zu beherrschen. Diese Karte handelt von der großen Kraft, die Sie brauchen und die Sie gewinnen, wenn Sie Ihre Energien in gangbare Schritte einteilen und auf große Ziele lenken.

Die Stäbe bedeuten Triebkraft, Tatendrang und das Bedürfnis nach Selbstentfaltung. Zwei Stäbe stellen dabei Polaritäten dar, die sich wechselseitig blockieren oder bestärken können. Wie gehen Sie mit widersprüchlichen Motiven und Zielen um – mit wichtigen Interessen und Absichten, die innerhalb Ihrer eigenen Person oder zwischen Ihnen und anderen Menschen kontrovers sind?

Lassen Sie sich nicht in eine Zwickmühle treiben. Vermeiden Sie Stückwerk. In Ihren aktuellen Fragen entwickelt sich etwas Neues, das nur Sie entdecken können. Setzen Sie auf einen groben Klotz einen passenden Keil. Sie haben die Kraft, »Herrscher« im eigenen Leben zu sein und ein persönliches »Reich« zu errichten.

**Dabei zählen Vertrauen in die eigene Kraft, Entschlossenheit und Beherrschtheit. Der Ball liegt bei Ihnen. Warten Sie solange, bis sich Ihre Sicht der Dinge rundet und bis Ihr Entschluß feststeht. Wenn Sie soweit sind, zögern Sie nicht länger, bringen Sie Ihren Ball ins Spiel! Handeln Sie mit ganzer Macht.**

# Mit Besonnenheit

Setzen Sie sich für Ihre Sache ein, beginnen Sie, auch wenn andere noch nicht anfangen. Wenn Sie sich ganz hineingeben, können sie andere »anstecken« und mitziehen. Zeigen Sie Ihre Krallen, wenn es sein muß, und schnurren Sie vor Behaglichkeit, wenn die Lebenskraft Sie durchfließt und durchwärmt.

Unternehmungsgeist und Aufbruchstimmung führen zu lohnenden neuen Zielen, wenn Sie das große Unbekannte nicht nur vor, sondern auch in Ihrem Rücken suchen. Beachten Sie, daß der Himmel nicht knallig-gelb wiedergegeben ist, wie in anderen Bildern. Dem gelben Himmel ist ein leichter grauer Unterton eingezeichnet. Das bedeutet: Sonnen- und Schattenseiten sind gemeinsam vorhanden, beide zugleich erkennbar und ineinander aufgehoben! So stellt das gebrochene Gelb des Himmels ein bedeutsames Zeichen der Bewußtheit dar, eben weil Licht und Schatten gleichermaßen darin aufgehoben sind. Bewußtheit in und bei Ihren Aktionen, Unternehmungen und Auftritten ist der entscheidende Inhalt einer Besonnenheit, die sich vom bloßen Enthusiasmus dadurch unterscheidet, daß sie weiß, was sie tut.

**Seien Sie geduldig und fest in Ihrem Willen. Halten Sie Ausschau nach neuen Lösungswegen! Bewußtheit in und bei Ihren Aktionen ist der springende Punkt. Lassen Sie sich nicht »verheizen«. Es gibt bessere Lösungen, die Ihre ungeteilte Aufmerksamkeit fordern und fördern.**

# Kraftplatz

Eine Karte der Hoch-Energie! Einen »Kraftort« finden Sie nicht nur an bestimmten Naturschauplätzen oder magischen Stätten. Die Wunder der Schöpfung begegnen uns im Prinzip überall und betreffen unsere intimsten – schwierigsten und schönsten – Erfahrungen. Geburt, Hochzeit und Tod führen uns immer wieder an die Grenzen – und ins Zentrum unserer Existenz. Und in diesen manchmal erschreckenden, oft wunderbaren, immer aber erstaunlichen Erfahrungen erwächst das Bedürfnis nach Kultur – der Antrieb, in Spiel, Musik und Tanz, das auszudrücken und zu verarbeiten, was uns bewegt!

Feiern und kulturelle Veranstaltungen können uns beflügeln oder so »zerstreuen«, daß wir uns kaum noch wieder finden. Es kommt darauf an, (wieder) zu spüren, was uns innerlich bewegt, das eigene Selbstverständnis zu vertiefen, je höher wir im Leben steigen.

Meiden Sie kleinliche Lösungen und blasse Kompromisse. Ihre wahren Beweggründe und Ihre echten Gefühle sollten Sie nicht verheimlichen oder vergessen. Sie liefern Ihnen die beste Motivation und garantieren Ihnen die schönsten Erfolge.

**Erschrecken Sie nicht vor den widersprüchlichen Erfordernissen des Augenblicks. Fassen Sie den Mut, Grenzen zu überwinden und Widersprüche nicht nur zu meistern, sondern in ihnen neue kreative Möglichkeiten zu entdecken.**

# Willensbildung

Spiel, Streit, Wettbewerb verschiedener Energien, von halbwüchsigen, neuwachsenden Interessen und Absichten, auch innerhalb der eigenen Person. Nur wenn »viele Flammen« brennen, bildet sich der persönliche Wille immer wieder neu und bleibt selber lebendig.

Es geht zugleich um eine Kultur des Spielens, die etwas anderes meint als die Pflege von Unterhaltungs- oder Gesellschaftsspielen. Nichts dagegen, doch *das ganze Leben als Spiel* zu nehmen, ohne es zu verspielen, das ist hier das Thema. Es fängt damit an, daß Sie Ihren Willen weniger als etwas Feststehendes begreifen. Feuer ohne Bewegung erlischt, und Wille ohne Veränderung erschöpft sich.

Ihr Wille vergeht und bildet sich mit jedem Augenblick, und dies zeigt uns das Bild in einer Momentaufnahme. Daß hier Jugendliche dargestellt sind, bedeutet, daß es besonders die heranwachsenden, die nachwachsenden Triebe in Ihnen sind, die an der aktuellen Auseinandersetzung und Neuformulierung Ihres Willens beteiligt sind.

Verzichten Sie darauf, Ihre Willenskraft nur daran zu messen, ob Sie einmal ausgedachte Vorstellungen auch verwirklichen können. **Der Lauf der Dinge zeigt Ihnen, was Sie selber wollen und was das Leben von Ihnen »will«. Diese Impulse zu verstehen, ist nicht immer leicht. Doch diese aufzugreifen, bringt unendlich viel mehr.**

# Gutes Gelingen

Die Kunst, »gut drauf« zu sein: Ihre optimale Kraft entfalten Sie, wenn Sie Stärken und Schwächen gemeinsam ins Feld führen. Eine runde Sache, wenn Sie den unterschiedlichsten Bestrebungen Raum geben und diese zusammenzufassen verstehen. So werden und bleiben Sie Ihr eigener Chef oder Ihre eigene Chefin.

Vertreten Sie, was Sie innerlich bewegt, und setzen Sie sich ganz dafür ein. Hüten und schützen Sie sich vor einem falschen Heldentum, das von Schwächen nichts wissen möchte. Genauso vor einer falschen Bescheidenheit, die von den eigenen Stärken nichts erwartet.

Hier wächst etwas heran, das noch ganz »grün«, ganz jung und unerfahren ist! Für Ihre aktuellen Fragen gibt es daher nur komplexe Antworten. Scheuen Sie davor nicht zurück. Komplexe Antworten vergrößern den Spielraum, in dem Sie mit vielen Kräften zusammenleben und zusammenarbeiten können, während Sie genau das sind und das tun, was sie wollen.

**Lassen Sie sich nicht einschüchtern und setzen Sie auch andere nicht unter Druck! Folgen Sie dem, wofür Sie eine Schwäche besitzen, und treten Sie für Ihre innersten Überzeugungen ein. Dann sind Sie wie ein Lauffeuer: Nicht aufzuhalten!**

# Selbst-Bewußtsein

Die Situation erlaubt und verlangt es, die vorhandenen Energien auf neue Grundlagen zu stellen und zu neuen Höhen zu emporzubringen. Überwinden Sie Mutlosigkeit und blinden Eifer, verlassen Sie sich nicht auf dramatische Entscheidungen oder halbherzige Aktionen, sondern auf Ihre Kraft zur Verwandlung:

»Die Geburt des Selbst bedeutet für die bewußte Persönlichkeit nicht nur eine *Verschiebung ihres bisherigen psychischen Zentrums*, sondern als Folge davon eine vollständig veränderte Lebenseinstellung und Lebensauffassung, also eine ,Wandlung' im wahrsten Sinne des Wortes. Damit diese Wandlung zustande komme, ist die ausschließliche Konzentration auf die Mitte, d. h. auf den Ort der schöpferischen Wandlung unerläßlich. Dabei wird man von Tieren ,gebissen', d. h. man hat sich den tierhaften Impulsen des Unbewußten auszusetzen, ohne sich damit zu identifizieren und ohne ,davonzulaufen'» (Jolande Jacobi, C. G. Jung). Mit der Bereitschaft, aber auch der Abwehr, »von Tieren gebissen« zu werden, mag die auffällige Fußbekleidung der Bildfigur zusammenhängen. Schuh und Stiefel mögen Offenheit und Verschlossenheit gegenüber diesen »tierischen Impulsen« aus der Unterwelt des Unbewußten darstellen.

**Erfolg ist jetzt eine Frage eines anderen Stils in Ihren Bemühungen. Spitzen Sie Ihre Kräfte zu. Entspannen Sie sich, um sich zu konzentrieren.**

# Höhere Verantwortung

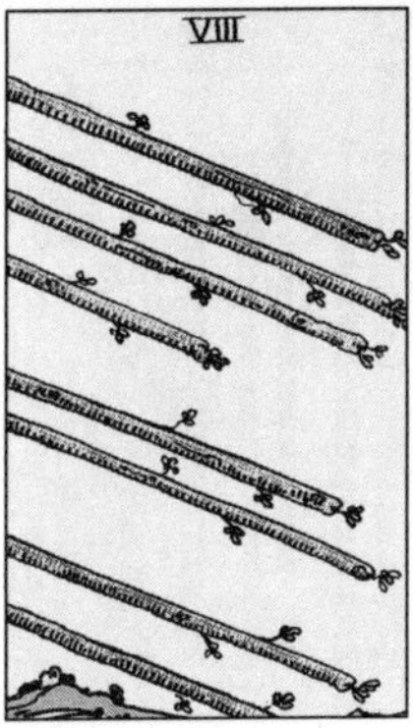


Geben Sie sich ganz in das, was Sie bewegt und was Sie bewegen, hinein! Sie erleben und erreichen Veränderungen auf vielen Ebenen. Liebe Gewohnheiten und alte Vorstellungen können sich wie ein Bretterzaun darstellen, der die Welt vernagelt.

Wenn Sie von dem ausgehen, was Sie und andere wirklich wollen, können Sie ohne Schaden und ohne falsche Verluste sich von Hindernissen und Hemmungen befreien. Sie besitzen und Sie brauchen ein größeres Maß an Verantwortung: An wirksamen *Antworten* auf das, was Sie und andere bewegt.

Achten Sie in Ihren aktuellen Fragen darauf, daß Sie einen unerquicklichen Schwebezustand beenden, indem Sie aus Betroffenheit, Ergriffenheit und Begeisterung selbst aktiv werden und an anderen Anteil nehmen. Lassen Sie sich von niemand das Gesetz des Handelns vorschreiben, genauso, wie Sie die Selbstverantwortung des anderen respektieren. Rechnen Sie mit Veränderungen auf vielen Ebenen, aber auch mit einem erhöhten Energieeinsatz, der vieles leichter und viel mehr möglich macht, als landläufigen Vorstellungen entsprechen würde.

**Ihre Lebendigkeit kann nun auf vielen Ebenen gleichzeitig Ergebnisse erzielen und Erfahrungen sammeln. Bekennen Sie Farbe und verwirklichen Sie den Zauber, der in Ihnen steckt! Sie können vielfältige Unterstützung gewinnen.**

# Wirkungsvolle Intuition

Die Binde am Kopf der Bildfigur ist möglicherweise ein Verband und kündet von den Verletzungen eines einseitig orientierten Bewußtseins; oder dieselbe Binde ist das Abzeichen eines Kriegers auf seinem Pfad und signalisiert die *rundumgerichtete, allseitige* Aufmerksamkeit.

Wenn der Kopf verbunden ist, so deutet dies auch auf verbundene Gedanken und Einsichten hin. Linke und rechte Gehirnhälfte wären miteinander verbunden. »Unser Kopf ist rund, damit das Denken die Richtung wechseln kann« (Francis Picabia). Und nicht nur das Denken, sondern auch die Aufmerksamkeit, das Beobachtungs- und Auffassungsvermögen!

Was geschieht? Was ist los? Was entwickelt sich? Die Untersuchung dieser Fragen verhindert vorschnelle Feststellungen und Aktionen. Die aufmerksame Berücksichtigung und Musterung aller wirksamen Triebe und Motive fordert und entwickelt eine ganzheitliche und schützende Intuition. *Intuition bewirkt eine feine Wahrnehmung der Vorgänge vor wie hinter dem Auge.* Es geht ums Sehen und Verstehen. Bemerken Sie, was hinter Ihrem Rücken geschieht, was alles in Wachstum und Entwicklung begriffen ist?

**Spitzen Sie die Ohren, schärfen Sie Ihren Blick, aber entspannen Sie sich dabei, damit Sie auf *alles* achten können. Geben Sie nichts auf Gerüchte, seien Sie skeptisch gegenüber Mutmaßungen und bloßen Behauptungen.**

# Volle Präsenz

Sie besitzen und entdecken Aufgaben, die so groß sind, daß sie Sie ein ganzes Leben lang beschäftigen und ebenso lang all Ihre Energien in Fluß halten! Wunderbar, lassen Sie »hundert Blumen« blühen!

Wenn Sie aber das Gefühl haben, sich zuviel aufgeladen zu haben oder in eine Sackgasse zu geraten, dann ist Ihr momentaner Wille zu schwach, weil er nicht die ganze Bandbreite von Stäben (Trieben, Neigungen) erfaßt. Mit Gewalt blockieren Sie sich noch mehr. Werfen Sie Ballast ab und begreifen Sie neu, worum es geht!

Gesicht und Augenmerk stecken hier ganz in den vorangetragenen, den vorgetragenen Energien, Projekten, Interessen und Absichten. Hier zeigt sich ganz bildhaft, was es heißt, mit aller Kraft den eigenen *Neigungen* zu folgen. Sie müssen sich nach vorne neigen, sich vollständig hineingeben. Wie das Vorwärtskommen auf einem steilen Bergweg erleichtert wird, wenn man sich etwas nach vorne fallenläßt, so trägt auch die menschliche Gestalt in diesem Bild die Früchte ihrer Bemühungen um so leichter nach Hause, als sie sich ganz den Stäben zuneigt, welche ihr gleichsam ans Herz gewachsen sind.

**Erst wenn Sie den Menschen, den Ereignissen, den Sachfrage usw. Ihre ungeteilte Zuneigung schenken, verstehen Sie sie in der jeweils eigenen Logik. Sie müssen sich nach vorne neigen, sich vorwagen und hineingeben. So haben Sie die Nase vorn.**

## Kostbarkeit der Seele

Keine andere Symbolfigur des Tarot verkörpert so sehr die Kostbarkeit und die Ganzheit der Seele wie diese Gestalt. Der *geschlossene* Kelch einerseits und die *muschel- oder trichterförmige* Rückwand des Thrones andererseits drücken *zur gleichen Zeit* Geschlossenheit und Offenheit der Seele aus. Diese Pole sind Voraussetzungen eines intakten Seelenlebens und Quellen der Persönlichkeit. Sie sorgen dafür, daß Sie weder zerfließen noch verhärten.

Grundlegende persönliche Bedürfnisse, wie Unabhängigkeit, persönliche Ganzheit und seelische Eigenständigkeit bekommen eine neue Chance. Verfeinern Sie dabei Ihren Geschmack, Ihr Unterscheidungsvermögen, Ihre Vorlieben.

Als großes Ohr oder Schalltrichter erinnert die Rückenlehne des Thrones an einen großen Spiegel oder an eine Parabolantenne. Sie bringt damit zum Ausdruck, daß es hier um Senden und Empfangen von kosmischen Schwingungen, um die eigene Wahrnehmung und Ausstrahlung geht.

**Als Königin der Kelche sind Sie die »Herz-Dame«, die *Queen of Hearts*. Lassen Sie sich in Ihren Herzensangelegenheiten nicht bevormunden. Es ist Ihr Leben und Ihr Kelch, und was Sie daraus machen, liegt in Ihrer Hand! Filtern Sie heraus, was Ihre Bedürfnisse ausmacht und von anderen unterscheidet. Der Respekt und die Hochachtung für alles Persönliche und Private aber krönt Ihre freundliche, freudvolle Lebensart.**

# Richtiges Wünschen

Das Wasser trägt: Leidenschaftliches Verlangen verdichtet die Gefühle und macht sie zur Grundlage des Verhaltens. Das Verlangen unterscheidet sich vom bloßem Gefühl dadurch, daß es eine erhöhte Betroffenheit und Verbindlichkeit ins Spiel bringt.

Fisch und Wasserschlange verweisen auf die notwendige Klärung von Instinkten und Bedürfnissen, von Verlockungen und Verführungen. Sobald Ihnen auch verborgene Gefühle deutlich werden (wie das Wassertier, das sich oberhalb des Wasserspiegels zeigt), besitzen Sie eine Plattform, eine Basis echter Gefühle, auf die Sie bauen können.

Wie ein Segelschiff brauchen Sie auch einen ausreichenden Tiefgang und einen ausgewogenen Schwerpunkt in der eigenen Mitte. Was Ihnen Auftrieb gibt und Sie immer wieder ausrichtet, ist die *Würde*. Wer auf wichtige Wünsche verzichtet, lebt unter seiner Würde. Wer aber den falschen Wünschen folgt, droht seine Würde zu verlieren und zum Spielball auf den Wogen des Lebens zu werden. Immerhin bedeutet das Segelschiff am rechten Bildrand nicht nur ein Zeichen der gelungenen Überfahrt, sondern auch der Verlorenheit auf den Meeren, wovon u.a. der Archetyp des *Totenschiffs* und das Motiv des »Fliegenden Holländers« künden.

**Gehen Sie den Gefühlen (aller Beteiligten) auf den Grund. Haben Sie den Mut, Ihr wahres Verlangen zu ermitteln und auszudrücken.**

# Kraft der Leidenschaft

Wo Gefühle und seelisches Verlangen so groß werden, daß Sie sich zum Beispiel auf eine ganze Lebensspanne beziehen, können Sie nie durch die bisherigen Erfahrungen allein widerlegt oder bestätigt werden. Die »großen Gefühle« sind also ganz wesentlich eine Sache des Glaubens.

Die Bildfigur ist »von Kopf bis Fuß auf Liebe eingestellt«. Ihre Vorstellungen von Liebe, ihr Lebensentwurf umhüllen sie von Kopf bis Fuß und kleiden sie gleichsam in eine Rüstung. Es sind die großen Leidenschaften, die uns am meisten bewegen und mit denen wir am meisten bewegen. Ungeeignete Liebesziele sind wie Ballast, sie erschweren und behindern jeden Schritt. Ein stimmiger Glaube an Liebe und Glück aber stärkt und schützt Sie, er beflügelt, begeistert und hilft über viele Schwierigkeiten hinweg. Das A und O ist es, alle verfügbaren Erfahrungen zusammenzuziehen, um so bewußt wie möglich den richtigen Zielen nachzugehen..

**Ihre aktuellen Fragen erfordern »Mut zum Gefühl« und eine besondere Konsequenz in Ihren Liebes- und Glaubensentscheidungen. Ein beflügeltes Lebensgefühl stellt sich dar, aber auch die Gefahr, in eine Traumwelt zu flüchten. Prüfen Sie, woran Sie glauben und wem Sie vertrauen. Zögern Sie nicht, tiefsitzende und weitreichende Gefühle wahrzunehmen – und in die Tat umzusetzen.**

## Seelische Erleichterung

Beachten Sie das Gewand der Bildfigur: Es zeigt Seerosen oder Lotusblumen, denen *der Grund* fehlt. Man sieht einen Teil der Stiele, aber keine Wurzeln. Die fließenden Gefühle bringen nur dann Glück und Freude, wenn wir sie mit Sinn und Verstand betrachten. Im guten Sinne gelingt so mancher große Fang. Doch im negativen Falle werden mangels Verständnis *grundlose* Wünsche und Ängste hoch gehalten.

Die Karte könnte ein Zeichen dafür sein, daß Sie mehr Leichtigkeit im Umgang mit Gefühlen und Bedürfnissen riskieren dürfen. Stehen Sie mit Freude und Witz zu Ihren Gefühlen. Zeigen Sie Fassungsvermögen und *Verständnis* für seelische Vorgänge, die unter der Oberfläche liegen (wie für den Fisch, der sonst *unter* der Wasseroberfläche existiert). Ein Fisch bedeutet in der Symbolik u.a. Glück, Fruchtbarkeit, Reichtum, sodann Glauben, »Coolness« (mit allen Wassern gewaschen) und/oder Leidenschaft.

**Sie haben eine Begabung, sich in innere Probleme zu versenken und diese aufzulösen. Der Schlüssel dazu heißt Verständnis. Mit Einfühlung, Mitempfinden und Meditation entdecken Sie Neues und gewinnen Einsichten in Zusammenhänge, Ursachen und Motive. Das ist für Sie selber eine besondere Quelle der Lebensfreude. Und für andere können Sie eine wichtige Hilfe auf psychischem und spirituellem Gebiet sein.**

## Seelische Erneuerung

Die »Wiedergeburt aus Wasser und Geist« ist ein Symbol, welches viele Religionen kennen. Es ist ein Zeichen der Erlösung und der Befreiung, der seelischen Reinigung und Erneuerung. Die fünf Wasserstrahlen im Bild sind so dargestellt, daß sie eine doppelte Deutung zulassen: Wie Fontänen füllen sie den Kelch. Und andererseits ist es der Kelch, der seinerseits als Springquelle dient. Die Rückverbindung mit dem großen Strom des Lebens drückt sich in diesem Bild ebenso aus wie die Emporhebung des einzelnen Kelchs.

Verstehen Sie die Hand im Bild als *Ihre Hand*. Nehmen Sie die Besonderheit Ihrer Gefühle, Bedürfnisse und Ihrer gesamten Persönlichkeit in die Hand. Zugleich stellt die Hand aus der Wolke auch die Hand »Gottes« dar und zeigt, wie das Universum *Sie* trägt. Somit stellt Sie das Bild vor die doppelte Aufgabe, selber aktiv zuzugreifen und Ihren Anteil in Besitz zu nehmen und zugleich die Hand zu öffnen, Ängste und Verkrampfungen auszugeben und sich dem Kosmos anzuvertrauen. Beides ist eine Quelle großer Freude.

**Mut zum Gefühl ist jetzt angesagt. Manchmal auch zu einem Wechselbad der Gefühle, das Ihnen mit seinen Höhen und Tiefen eine besondere Chance bietet, Gefühle zu verstehen und zur seelischen Ganzheit zu gelangen. Jetzt ist nicht die Stunde großer Versprechungen oder Verheißungen, sondern der persönlichen Aufrichtigkeit.**

# Quelle der Freude

Diese Karte zeigt die Kraft bewegter Gefühle, des Verliebtseins, der bewußten und unbewußten Emotionen. Geteilte Freude ist doppelte Freude und geteiltes Leid ist halbes Leid. Die Begeisterung, die wir für dieses Motiv empfinden, spiegelt unser Bedürfnis und unsere Bereitschaft, Schmerzen zu lindern und Freuden zu vergrößern und zu verlängern.

Wenn es auch auf den ersten Blick nicht ins Auge springt, so steht diese Karte auch für seelische Verletzungen. Die Bildfiguren sind nur im Halbprofil zu erkennen und sie stehen damit symbolisch auch für emotionale *Halbheiten*. Man fühlt sich innerlich zerrissen. Man sucht im Partner oder in der Partnerin die »bessere Hälfte« und wird doch so lange immer wieder enttäuscht, bis man diese fehlende Seite in sich selbst entdeckt. Kümmern Sie sich also um Ihre Sorgen, Wünsche und Ängste. Dividieren Sie auseinander, welche Wünsche für Sie sinnvoll sind und welche nicht, welche Ängste für Sie ernstzunehmen sind und welche nicht.

Kein Mensch ist eine Insel. Eine verletzte Seele ist eine Quelle scheinbar grundloser Trauer, sie gibt Trauer an andere weiter und nimmt Trauer von anderen in sich auf. **Eine unverletzte oder geheilte Seele aber stößt ebenfalls andere Seelen an, aber sie bringt sich und andere zum Klingen, wie zwei edle Kelche, die einander anstoßen. Lassen Sie Ihrer Seele Flügel wachsen.**

# Die Sprache der Seele

Kelche stehen generell für das fließende Seelenleben. Von den 14 Kelch-Karten ist dies die einzige, die *Früchte* im Bild zeigt. Hier geht es um ein *fruchtbares Seelenleben* und um die *Früchte der Gefühle*.

Lassen Sie das Bild auf sich wirken: Welch eine Anmut liegt im Tanz der drei Grazien! Wie schön ist es, einen Freundeskreis oder eine Gruppe zu finden, in der man sich rundum angenommen weiß! Bringen Sie sich in Ihren Zusammenhang ganz ein. Drücken Sie Ihre Gefühle aus. Nehmen Sie Rücksicht auf die Bedürfnisse der Beteiligten, und bringen Sie Verständnis für Emotionen auf, auch für solche, die Ihnen fremd sind!

Das Bild warnt zugleich vor einer Arroganz der Seele und vor egoistischen Bedürfnissen. (Dann herrscht nicht die Anmut, sondern der Hochmut der Gefühle.) Beachten Sie, daß im Bild die Grenzen zwischen den einzelnen Personen teilweise verschwimmen und daß die Früchte eher am Rand des Geschehens liegen. Es wäre fatal, wenn sich die Gefühle der Beteiligten um hochgesteckte Erwartungen, Trophäen und Fetische drehten, während die wirklichen Schätze des Seelenlebens kaum beachtet würden. Schlimm auch, wenn der einzelne in der Gruppe oder im Rausch »baden« ginge.

**Sorgen Sie für Spaß und Freude – jenseits von steriler Nüchternheit und verzehrenden Rauschzuständen. Sie können und dürfen ohne falsche Kompromisse glücklich sein! Tun Sie etwas dafür.**

# Besinnung

Diese Karte fordert Sie auf, zu Ihren Wurzeln zurückzukehren. Was waren Ihre ursprünglichen Ziele?

Gehen Sie in sich, um das Bisherige zu bewältigen und sich für Neues zu öffnen. Manches ist zu kurz gekommen und will jetzt nachgeholt werden. Manches will jetzt innerlich sortiert und verdaut werden. Obwohl diese Karte durchaus einmal vorschlagen kann, sich zurückzuziehen, ausreichend zu schlafen und zu träumen, so stehen die Zeichen insgesamt nicht auf Rückzug, sondern auf Besinnung auf die eigenen größeren Möglichkeiten.

Verfallen Sie nicht in Melancholie. Melancholie ist ein verkehrter Eigensinn. Sie betäubt die Sinne. Tun Sie umgekehrt alles, was Ihre Sinne aktiviert, beruhigt und beflügelt. Ihnen bieten sich ungewöhnliche Chancen, und diese sind das Gebot der Stunde! Kommen Sie seelisch mit sich ins reine, finden Sie Ihren eigenen Sinn. Und lassen Sie jede bloß sentimentale Reserviertheit hinter sich zurück!

**Sie können sich wie der Baum weit in den Himmel strecken, wenn Sie Ihre Wurzeln kennen. Die Begegnung mit der Natur weckt Ihren höheren Sinn und schenkt eine tiefe Ruhe und Ausgeglichenheit. Fordern oder erwarten Sie nichts Bestimmtes, öffnen Sie sich den inneren Eingebungen. Lernen und genießen Sie es, bei sich zu verweilen und dem inneren Fluß zu lauschen.**

# Seelisches Neuland

Ihnen begegnen große, bisher unbekannte Gefühle. Seien Sie nicht abergläubisch: Die schwarze Bildfigur erinnert zwar an Raben und andere Symbole der Dunkelheit. Aber auch an die Figur des Schornsteinfegers: das Unbekannte ist auch ein Grund zur Freude, denn es bietet Ihnen neue positive Möglichkeiten.

Schenken Sie sich und anderen »reinen Wein« ein! Es ist besser, eine Wahrheit »spät« zu akzeptieren als gar nicht. Eine Enttäuschung bietet stets auch die Gelegenheit zur Ent-Täuschung, das heißt, zum Abschied von Illusionen und zum Start in eine neue Klarheit.

Dunkle Ahnungen und entsprechende Träume sind oft Zeichen eines beginnenden Wandels. Jeder Wandel ist auch von Ängsten begleitet, und es ist besser, diese zu kennen, als sie zu verdrängen.

Schließlich ist es so, daß die Seele, die innere Wahrnehmung schlicht *keinerlei Vorbild,* kein vorhandenes Bild für den neuen Lebensabschnitt besitzt, der nun auf Sie zukommen wird. Je dunkler Ihre Träume oder Ihre Ahnungen sind, desto deutlicher verweisen Sie stets auch darauf, *wie neu* das Kommende sein wird.

**Laufen Sie vor Ihren Gefühlen nicht weg! Lassen Sie Tränen zu, aber auch eine neue Begeisterung. Holen Sie sich Hilfe, wenn erforderlich. Und seien Sie bereit, Hilfe und Beistand zu geben. Lassen Sie es fließen. Sie brauchen Zeit und Raum für eine innere Erneuerung.**

# Zurück in die Zukunft

Alte Träume und tiefe Wünsche machen sich bemerkbar. Die Zeit ist reif für eine neue Lösung. Sie steht und fällt damit, daß Sie Ihre Erfahrungen und Erwartungen in einem anderen Licht sehen.

Das Bild beinhaltet ein Doppelgesicht. (Wundern Sie sich nicht, wenn Sie zunächst nur eins davon erkennen – das ist der Normalfall.) Beachten Sie die doppelte Haltung der kleinen Frau: Einmal schaut sie von dem Männchen weg (das Gelbe ist dann ihr Gesicht, links und rechts umgeben vom rotorangen Kopftuch). Ein andermal sieht sie zu dem Männlein hin (das Gelbe ist jetzt ihr Zopf, links davon ihr Gesicht und rechts davon ihr Kopftuch). Welche dieser beiden Haltungen erkennen Sie leicht, welche nicht?

Auch die Erinnerungen an die (seelische) Kindheit zeigen uns ein Doppelgesicht von Freude und Trauer, von erfahrener Annahme und Ablehnung. Erst die Aufarbeitung früherer Erfahrungen befreit uns aus dem Wiederholungszwang und gibt uns heute die seelische Freiheit, stets wieder neu zwischen Sympathie und Antipathie frei und liebevoll zu wählen.

**Entdecken Sie die andere Seite, suchen Sie die ganze Wahrheit. So erneuern Sie die Liebe und erfahren das Glück, seelisch die Weichen neu zu stellen. Nutzen Sie die Gunst der Stunde, um alte Ängste abzulegen und Herzenswünsche zu erfüllen!**

# Gelebte Träume

Ein Wendepunkt in Ihrem (seelischen und spirituellen) Leben. Wenn Sie diese Karte ziehen, sind Gefühle, Wünsche und Träume wichtiger als sonst. Und es geht nur voran, wenn Sie die Intensität Ihrer Emotionen noch steigern und sich dem ganz und gar widmen, was Ihnen am Herzen liegt!

Ein heftiges Verlangen kann dafür sorgen, daß gewisse Selbstverständlichkeiten verloren gehen. Man verfällt in ein Schattendasein, weil nur das begehrte Ideal zählt. Die Karte warnt daher vor falschen Idealen, die Ihnen Kraft entziehen und sich selbst entfremden würden. Zugleich ermuntert die Karte jedoch dazu, über den eigenen Schatten zu springen – innerlich und äußerlich zu wachsen und sich weiter zu entwickeln, wie eine Blume, die sich entfaltet und schöner und schöner wird.

Stellen Sie Ihre Emotionen auf den Prüfstand. »Was fruchtbar ist, allein ist wahr« (Goethe). Manchmal stellt selbst die größte Sehnsucht und das »unrealistischste« Begehren gerade das richtige Verlangen dar. Im anderen Fall aber ist selbst die kleinste Verlockung und die harmloseste Versprechung von übel.

**Kümmern Sie sich zuerst um die Wünsche und die Ängste, die Sie am meisten beschäftigen. Entwickeln und vertreten Sie in seelischen und spirituellen Belangen einen eigenen, persönlichen Maßstab.**

# Ökonomie der Seele

Es heißt zwar so schön »alles fließt«. Doch manchmal ist der Fluß in uns ausgetrocknet, und manchmal fließt er nicht, sondern überflutet alles! In welcher Form auch immer – das Strömen existiert in Ihnen. Sie können es in Achtsamkeit beobachten und dem Flusse folgen!

Das Bild greift das Motiv des *Wanderers* auf. Man denke an eine Pilgerreise oder an die Gesellen, die in früheren Zeiten auf Wanderschaft gingen, um ihren Meister zu machen.

Die rote Bildfigur folgt dem Fluß (dem inneren Gefälle) und geht gleichzeitig nach oben, in die Berge. Wir überwinden Hindernisse und erreichen neue Gipfel, wenn wir den *Fluß,* das innere Strömen (*flow*) zur Leitlinie unseres Handelns machen. Das ist eine große spirituelle Erfahrung, und gleichzeitig eine sehr praktische Methode der Alltagsbewältigung: Wer faul ist, ist auch schlau – wer dem Fluß der Energien folgen, der oder die strengt sich vergleichsweise am wenigsten an und erreicht zugleich am meisten!

**»Geh, wohin Dein Herz dich trägt«! So bleiben Sie im Herzen jung und vergrößern Ihre Lebensfreude – bei gleichzeitiger Verringerung von persönlichen Mühen und innerer Anstrengung. Wenn Sie Ihre Seelenkräfte ökonomisch, das heißt effektiv, einsetzen, weisen Ihnen Sonne und Mond bei Tag und Nacht den richtigen Weg.**

# Reiche Gefühle

Freuen Sie sich, daß Sie mit einem reichhaltigen Seeelenleben ausgestattet sind! Diese Karte spiegelt Ihre Begabung, sich auf Menschen und Situationen der vielfältigsten Art einzulassen. Diese Begegnungen mehren Ihren seelischen Reichtum. So gewinnen Sie viele Herzen für sich, Ihre Seele wächst, Ihr Glück vergrößert sich.

Wie bei jeder Kelch-Karte ist natürlich entscheidend, *was* in den Kelchen enthalten ist. Wie oft hört oder liest man: »Bau auf Dein Gefühl« – aber selbstverständlich gibt es auch unwahrhaftige, verletzende und gefährliche Gefühle. Man muß unterscheiden, was sinnvoll ist und was nicht. Das gelingt Ihnen jedoch nur, wenn Sie die Kelche in die Hand nehmen. Das könnte für die Bildfigur allerdings ein Problem sein. Die Kelche stehen weit hinter ihr im Rücken. Nur mit bewußter Rück-sicht auf die seelische Bedürfnisse aller Beteiligten kommen Sie in Ihren aktuellen Fragen weiter. Lassen Sie sich von Peinlichkeiten nicht erschrecken und von Sonderbarkeiten nicht faszinieren. Schütten Sie das Kind nicht mit dem Bade aus.

**Spielen Sie auf der gesamten Klaviatur der Gefühle und Bedürfnisse! Und kehren Sie immer wieder in die eigene Mitte, ins innere Zentrum zurück. Schaffen Sie sich eine Heimat, und bewahren Sie sich Ihr seelisches Zuhause. Lauschen Sie auf jene große Stille, die lauter ist als alle Geräusche dieser Welt.**

# Hoch-Zeit des Lebens

Die Karte kann das perfekte Bild für eine Kleinfamilie und ihr »trautes Heim, Glück allein« abgeben. Zugleich stellen Mann, Frau, Kinder, ja, Häuschen, Garten, Fluß und Landschaft *Symbole* für verschiedene Anteile und Seiten in Ihnen selbst dar. In diesem übertragenen Sinne geht es darum, daß Feuer und Wasser, Stimmung und Tatkraft, Gefühle und Triebe sich zu produktiven großen Leidenschaften verbinden.

Der Regenbogen steht für Kreativität und Romantik, aber auch für die Verbindung von Mensch und Gott/Kosmos. Im Endeffekt geht es hier darum, eine seelische Heimat zu finden. Es ist die Karte der *Erfüllung* vieler Herzenswünsche.

Lösen Sie sich aus allen Verpflichtungen und Beziehungen, in denen Gefühle zu Gesten erstarrt sind. Nehmen Sie die Aufgabe an, sich und Ihr Leben als blühendes, lebendiges und nachhaltiges *Gesamtkunstwerk* zu gestalten.

Des Menschen Wille ist sein Himmelreich: Trau, schau, wem. Die Kelche im Himmel warnen vor Illusionen und zu hoch gesteckten Erwartungen, sie ermuntern jedoch zu großen Zielen und mutigen Schritten dorthin.

**Gelebte Leidenschaften erheben das Leben und erweitern die seelische Spannbreite. Um so dringender ist nun zu prüfen, welche Wünsche und welche konkreten Schritte Sie jetzt zu Ihren Zielen weiterführen.**

## Bewußtes Leben

Kopf und Krone der Bildfigur ragen über die Wolken empor: So besitzt sie einen weiten Horizont, einen hervorragenden Überblick und einen schönen Abstand zu allem Niederen und Kleinlichen. Ebenso groß wie dieser Abstand ist allerdings auch die Entfernung zwischen Kopf und Füßen geraten. Die Größe der Bäume erscheint gering gegenüber dem gewaltigen Gefälle zwischen Scheitel und Sohle. Was der Kopf will, ist das eine; das tatsächliche Verhalten – die Abstimmung mit den Füßen – ist das andere.

Damit es nicht zu gewaltsamen Entscheidungen oder zu Mutlosigkeiten kommt, ist es wichtig, *die andere Seite* von allem und jedem verstehen zu lernen. Man beachte: Auch die linke Gesichtshälfte der großen Bildfigur liegt zunächst im Verborgenen. Den Schlüssel dazu liefern Kinderkopf, Mondsicheln (oder Doppelaxt) und Schmetterling auf dem Thron. Ermitteln Sie die wirklichen Bedürfnisse und vertreten Sie diese ohne Halbheit und ohne Arroganz. Gehen Sie behutsam mit Wünschen und Ängsten um. Darin drücken sich in vielen Fällen nicht nur berechtigte Bedürfnisse, sondern zusätzlich auch Erfahrungen aus, die noch kein richtiges Sprachrohr gefunden haben. In der Macht des Schwertes liegt es, die geistigen Kapazitäten zu entfalten.

**Mit der Souveränität dieser »Königin« werden Sie Worte auch für Bedürfnisse finden, bei denen bislang Sprachlosigkeit herrschte.**

# Kraft der Klarheit

Die Höhenflüge des Geistes wie die der Liebe und des Eros werden seit alters durch das Symbol der *Vögel* angesprochen. Hellblau, die Grundfarbe des Gewandes, ist die Farbe des offenen Himmels, aber auch des (klaren) Wassers. Geist und Seele machen den Grundton der Aura dieses Königs aus. Dabei ist Blau nicht nur eine »kalte« Farbe. Aus Begriffen wie »Blues«, »blaue Stunde« oder »blue movie« kennen wir es auch als Inbegriff starker Emotionen und Triebe. Die Sufis beziehen das Blau sogar auf das Innerste einer Flamme. Für sie drückt diese Farbe höchste Leidenschaft und Erkenntnis aus, vergleichbar mit dem aus der deutschen Romantik bekannten Symbol der »Blauen Blume«.

Liebe und Geist – getrennte Welten, oder wird die Himmelsleiter, diese brückenartige Thronlehne im Rücken der Bildfigur genutzt? Sie besitzen die Gabe, Ihre Ideen und Ihr Wissen in effektiver Weise anderen mitzuteilen und auf andere zu übertragen. Solange Sie das Unbewußte nicht richtig beachten (etwa nach dem Motto »Was ich nicht weiß, macht mich nicht heiß«), verpassen Sie jedoch Ihre besten Möglichkeiten.

**In Ihnen stecken große Visionen und Passionen. Zugleich sind Sie in besonderem Maße in der Lage, Ihr Leben selbst zu organisieren. Kommen Sie mit sich und den anderen Beteiligten ins reine, bis alle wesentlichen Bedürfnisse und Leidenschaften *klar* sind.**

# Rasende Gedanken

Die Rasanz der Bewegung ist hier vor allem als *geistige Schnelligkeit* zu verstehen. Ein radikales Denken, das auch vor Tabus nicht haltmacht. Die Gefahr: Es drohen Rücksichtslosigkeit und Verletzung. Die Chance: Leidenschaft und Erkenntnis beflügeln sich gegenseitig.

Möglicherweise handelt das Bild von einem sogenannten »wilden Denken«: schnell, vielfältig, doch tendenziell halt- und ziellos. Eine zweite Bedeutung der Ausrichtung des Geistes auf das Unbewußte (Bewegung nach links im Bild) besteht darin, daß das Bewußtsein Jagd auf alles Unbewußte macht: Alles soll unter Kontrolle gebracht werden! Das kann leicht zu Zwängen führen. Eine dritte Möglichkeit erst ist der bewußte, pflegliche Umgang zwischen Roß und Reiter. Der Geist dient dann dazu, die Bewegungen des Unbewußten zu leiten und auszugleichen: Mit den Waffen des Geists machen Sie den Weg frei für all das, was Sie wirklich bewegt. »Denn wenn man was liebt,/ was man eigentlich kaum bekommen kann,/ was unerreichbar fern erscheint,/ wird man ein Stück traurig./ Wird man ein Träumer./ Oder wird man ein Radikaler./ Oder/ ein radikaler Verwirklicher seiner Träume« (Susanne Zühlke).

**Bringen Sie Licht in Ihr Leben und ziehen Sie klare Konsequenzen. Bevorzugen Sie solche Lösungen, die Ihre persönliche Ganzheit auf Dauer fördern.**

## Erleichterung

Die vielen Vögel im Bild des Pagen signalisieren Vielseitigkeit oder aber »Verzettelung« des Denkens. Wenn ein Detailsymbol sich häufig wiederholt, spricht man von Multiplizität. Diese kann ein kreatives Ereignis sein, so daß der Page für ein Brainstorming, für den »stürmischen« Austausch vielfältigster, auch sprunghafter Ideen und Assoziationen steht. Allerdings kann sich hierin auch die Unfähigkeit äußern, Gedanken zu konzentrieren, sie zu durchdenken und auf ihre Konsequenzen hin zuzuspitzen.

Geistige Beweglichkeit oder "Windmühlenkämpfe"? Das "Fähnchen nach dem Wind hängen"? Freude an gedanklichen Experimenten? Dringen Sie auf Aufklärung. Geben Sie Ihr Urteilsvermögen nicht an andere ab. Ein lebendiger Geist erleichtert das Dasein und schützt gegen die Halbierungen des Denkens, des Wissen und des Urteils. Halten Sie Ihren Geist in Bewegung, prüfen und nutzen Sie Ihre Gedanken und Vorstellungen.

**Bewahren Sie sich Ihre Leichtigkeit, Ihren Witz und Ihre Frische. Vielleicht spüren Sie, daß der Teil, den ein Mensch begreifen kann, kleiner ist als das, was ist. Aber ob Sie Ihren Teil begreifen und nutzen, auf daß für Sie und Ihre Mitmenschen das Leben leichter, bewußter und unterhaltsamer wird, – das macht in jeder Beziehung einen großen Unterschied aus.**

## Krönung

Schon in einem Schwert ist die ganze Zweischneidigkeit des Geistes enthalten. Der menschliche Geist stellt auf der einen Seite die Krone der Schöpfung dar, auf der anderen Seite die maximale Entfernung und Entfremdung von der Natur.

Das »As der Schwerter« zeigt in der einen Betrachtung, wie das Schwert gerade noch die letzten Zweige (oder Zweig und Alge) von der Erde abgerupft und sich als Zeichen seines Triumphes an die Krone geheftet hat, während die Erde infolge der Entfremdung des Geistes alles Grüne, jedes Lebenszeichen verloren hat und kalt und kahl zurückgelassen bleibt. Wie Irrlichter ziehen in Gestalt der sechs kleinen Flämmchen abstrakte Ideen und fleischlose Geister durch den Luftraum, nachdem der Kontakt zwischen Geist und Natur verloren scheint. In einer anderen Betrachtung zeigt dasselbe Bild aber die Lorbeeren, die wir verdienen, den »grünen Zweig«, auf den wir kommen, sowie die persönliche Krönung, die wir erreichen, wenn wir unser Bewußtsein schärfen und erheben.

**Nehmen Sie es als Geschenk und als Auftrag, das Schwert neu zu begreifen und neue Lösungen, neue Entscheidungen zu finden! Spüren Sie den einen Geist, der in allem wohnt! Die Fruchtbarkeit Ihres Geistes mißt sich in der Verfeinerung und Erfüllung praktischer Bedürfnisse. Befreien Sie sich von unangebrachten Zweifeln und Zweideutigkeiten.**

# Bewußtes Träumen

Mit *verbundenen Augen* zu schauen, bedeutet auch, daß beide Augen miteinander verbunden sind. Dieses Wortspiel hat seinen Sinn: Das menschliche Auge weist bekanntlich einen blinden Flecken auf (er besteht da, wo der Sehnerv die Netzhaut berührt). Wenn sich diese stellenweise Blindheit in der Regel nicht bemerkbar macht, so liegt das daran, daß unser Gehirn die Wahrnehmung beider Augen aufnimmt, aus beiden Eindrücken *ein* Bild herstellt und somit den blinden Fleck überbrückt. Erst wenn wir mit »verbundenen Augen« schauen, den ersten und den zweiten Eindruck gelten lassen und beide durch ein geistiges Band verknüpfen, dann bekommt das, was wir sehen, auch seinen Sinn.

Hier wächst die einfache Wahrnehmung über sich hinaus und wird zu innerer Einsicht und äußerer Erkenntnis. Sie gewinnen eine katzenhafte Hellsicht! Für diesen Funken der Erkenntnis steht der blau-weiße Fleck auf der Stirn der Bildfigur (Andeutung des »dritten« Auges).

Mit »verbundenen Augen« zu schauen, heißt demnach, in sich zu gehen und über den Tellerrand hinauszuschauen. Achten Sie die Sinne, aber mißtrauen Sie dem bloßen Augenschein. **Hören Sie auf, »Blindekuh« zu spielen gegenüber einer Wirklichkeit, die nicht aus Einbahnstraßen und Einweg-Lösungen besteht. Bringen Sie Ihre Fantasie ins Spiel, so vertreiben Sie jeden »Grauschleier« aus Ihrem Alltag.**

# Bewußte Liebe

Drei Schwerter durchbohren das Herz. Was soll dies anderes als Schmerz oder Kummer bedeuten? Liebesleid, Ärger, Angst und Neid – alles, was das »Herz« kränkt, kann hier selbstverständlich Thema sein. Aber ist das alles? Kennen wir nicht auch das Bild von den Pfeilen des Amors, die das Herz durchdringen? Ist es nicht so, daß die Pfeile des Amors uns zwar verwunden mögen, daß wir aber diesen Gott der Liebe und des Eros im allgemeinen sehr willkommen heißen?!

Wie bei anderen Karten auch, so bedeuten die Schwerter u. a. *die Waffen des Geistes* (Denken, Wissen, Vorstellungskraft). Das Herz symbolisiert u. a. *Gemüt, Lebenskraft und persönliche Mitte*. Was heißt es nun, wenn die Waffen des Geistes das Herz berühren und durchdringen?

In einer neutralen Betrachtung zeigt das Bild genau das, was wir aus der Computertechnik als *Schnittstelle* kennen. »Schnittstelle« oder Interface nennt sich dort die Verbindung zweier getrennter Systeme, und diese Bedeutung trifft auch auf dieses Bild voll zu. Die bewußten Gedanken dringen überhaupt zu dem vor, was das Herz im Innersten empfindet; was im Herzen zunächst keimhaft und sprachlos erfaßt war, kann sich nun in bewußter Form ausdrücken.

**Wenn Sie diese Karte ziehen, können Sie aufhören, sich oder anderen etwas vorzumachen. Kommen Sie auf den Punkt, äußern Sie Ihre Betroffenheit!**

# Gewissen

Brauchen Sie Ruhe, Urlaub, oder müssen Sie vielleicht eine Zwangspause einlegen? Wenn ja, dann sagt Ihnen diese Karte, der Zweck dieser Ruhe besteht darin, Ihren geistigen Apparat zu aktivieren und voll funktionsfähig zu machen.

In vielen Fällen betrifft die Karte jedoch keine äußere, sondern die geistige Ruhe. Diese aber ist gleichbedeutend mit persönlicher Zufriedenheit und innerem Frieden: mit einem guten Gewissen. Die linke Figur im Fensterbild trägt in ihrem Heiligenschein die Buchstaben PAX, das heißt Frieden. Um Frieden zu finden, sollten Sie sich jetzt vielleicht weniger schonen und einen Dornröschenschlaf beenden.

Die Alltagserfahrung lehrt uns: Was benutzt wird, nutzt sich ab. Beim menschlichen Geist verhält es sich jedoch gerade umgekehrt: Er stärkt und vermehrt sich an seinem Gebrauch. Machen Sie sich nicht zum Opfer lebloser Ideale oder sinnloser Einbildungen. Viele Eindrücke und Erfahrungen sind zu verarbeiten, bis aus vielen Steinchen ein Mosaik wird, bis sich das Puzzle vervollständigt hat. Aus vielen Gedanken und Erfahrungen *ein* ganzes und geschlossenes Bild zusammenzusetzen, das ist die positive Seite der *Einbildungskraft*, der Gabe der Imagination – und darauf kommt es jetzt an.

**Ob Ihre Vorstellungen stimmen oder nicht, erkennen Sie daran, daß Sie auch in großen Drucksituationen einen klaren Kopf behalten.**

# Erfahrungen aufheben

Wie bei den Nachtträumen, so können auch bei jedem Tarot-Bild *alle* vorkommenden Personen verschiedene Seiten Ihrer *eigenen* Person illustrieren. So gibt das vorliegende Bild Anlaß, über Sieg und Niederlage als unterschiedliche Seiten des Lebens und als verschiedene Stufen Ihrer persönlichen Entwicklung nachzudenken.

Haben Sie jemanden oder sich selbst »im Regen stehen lassen«? Verspotten Sie bestimmte Schwächen? Kehren Sie jemandem oder sich selbst den Rücken zu, wie den beiden kleineren Bildgestalten? Beachten Sie die beiden auf dem Boden liegenden Schwerter: Wissen Sie um die Macht Ihrer ungenutzten Gedanken, aber auch um die Freude des überwundenen und abgelegten Zweifels?

Im positiven Sinne zeigt sich hier ein Wachstumsprozeß: Die Zeiten, in denen Sie sich klein und winzig fühlten, liegen zurück. *Rückblickend* können Sie Schwierigkeiten und Schwächen verstehen und verzeihen, und je nach Notwendigkeit annehmen oder verabschieden. Suchen Sie nach dem Sinn von Siegen und Niederlagen. Nutzen Sie die Waffen des Geistes als Mittel der Heilung. Die Quintessenz allen Wissens ist ein geeignetes Bewußtsein, eine persönliche Klarheit, die Sie bereichert und erleichtert.

**Aus Erfahrung lernen. Nehmen Sie Ängste, Sorgen, Kränkungen und Schwachpunkte ernst. Vertrauen Sie der Kraft der Wahrheit. Sie haben nichts zu verlieren, aber viel zu gewinnen.**

## Übersetzungen

Der Erfolg der Mission hängt von der Qualität der Schwerter und vom Durchblick der Passagiere ab. Wie untaugliche Gedanken-Vor-Stellungen können die Schwerter den Blick verbauen; alter Ballast, den man vor sich herschiebt. Als bewährte Leitlinien können die Schwerter den Weg weisen wie Kompaßnadeln.

Außer den drei Gestalten, die sich zusammen im gleichen Boot befinden, existiert noch eine vierte Kraft, angedeutet durch den schwarzen Stab des Fährmanns: Dieser Staken stellt die Verbindung zum Grund unter der Wasseroberfläche her. Ihre Unternehmungen werden glücken, wenn Sie *Kontakt zu den Gründen* halten. Das geistige Bewußtsein braucht die Rückkopplung zu den persönlichen Existenzgründen. Wenn Ihnen die Beweggründe bewußtwerden, auch solche, die unter der Oberfläche verborgen sind, halten Sie auch in Ihren aktuellen Angelegenheiten den richtigen Ansatzpunkt in Händen.

Befreien Sie sich aus Wiederholungszwängen. Klären Sie Interessen und Bedürfnisse auf. Suchen Sie die *Erfahrungen,* die hinter den Lehrsätzen stehen. Verstehen Sie, was Sie und andere *im Grunde* mit dem meinen, was sie tun oder sagen.

**Setzen Sie Ihre Intelligenz, Ihre ganzen Kombinations- und Vermittlungskünste ein, damit Sie zwischen Ihren Mitmenschen und Ihnen Verbindungen schaffen und Sie im Strom der Ereignisse einen eigenen Kurs zu steuern wissen, weil Sie *von allem* lernen.**

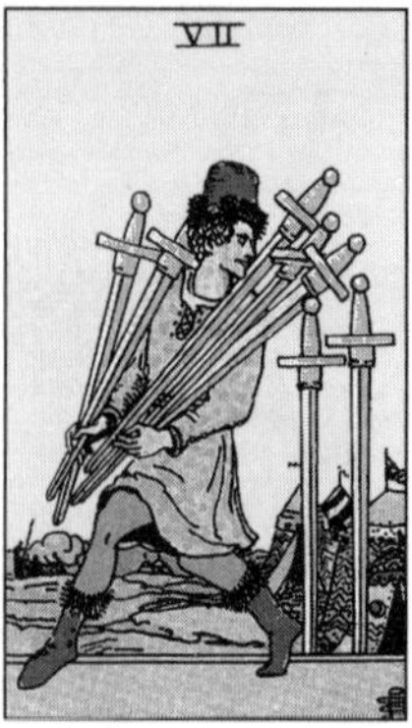


# Rätsel und Lösung

Warum so, es geht auch anders?! Diese Karte fordert Sie zu einer Überprüfung Ihrer Selbstverständlichkeiten auf. Die Antwort auf Ihre aktuellen Fragen ist mit der Chance verknüpft, daß Sie die Lösung für einige bisherige Rätsel Ihres Lebens finden!

Jeder Mensch bringt eine neue Wahrheit auf die Welt, und so trifft jede/r von uns auch auf bestimmte Rätsel, die gleichsam nur dazu da sind, daß wir die Lösungen finden, für die wir selber prädestiniert sind.

List, Intrige, Vergeblichkeit und andere unerquickliche Bedeutungen gewinnt diese Karte immer dann, wenn man sich und/oder andere nicht versteht. Es gibt jedoch Lösungen, die nur Sie finden können, Lösungen, die die Welt bereichern, von denen viele profitieren können. Lösungen, die nicht vorhanden wären, wenn Sie sie nicht entwickelten. Lassen Sie sich also von Problemen und Widersprüchen nicht einschüchtern. Finden Sie vielmehr heraus, welche Rätsel für Ihre Person und Ihr Leben typisch sind. Wenn Sie sich diese zur Aufgabe machen, werden Sie Bedeutendes erleben und bewirken.

**Die Lösung finden Sie in einem geeigneten Selbstverständnis, und dieses erkennen Sie daran, daß Sie wissen, wo Sie herkommen und wo Sie hinwollen. Wenn Sie das nicht wissen, geben Sie sich Freilauf und beobachten Sie Ihre praktischen Schritte. Sie zeigen Ihnen den Weg.**

# Kraft der Überzeugung

Entweder geistige Befangenheit, Verstrickung, Fernsteuerung. Und/ oder innere Einkehr, Bewußtseinserweiterung, ein Verhalten, das über den Augenschein und über das Handgreifliche hinausgeht. Begreifen Sie die Fülle Ihrer Geistesgaben. Arbeiten Sie Schwierigkeiten und Einwände ab.

Falls Sie sich gefangen oder befangen finden, sagt Ihnen die Karte: Ihnen stehen Schwerter zur Verfügung; damit ist es möglich, unangemessene Hemmungen oder Abhängigkeiten aufzutrennen. Treten Sie vorsichtig an die Schwerter heran, und schneiden Sie die Fesseln auf.

Ungeeignete Überzeugungen behindern, taugliche befreien und bestärken, gerade indem wir uns von ihnen fesseln lassen! Im positiven Sinne fordert diese Karte zu einer besonderen Konsequenz, buchstäblich zu einer besonderen *Verbindlichkeit* im gesamten persönlichen Verhalten auf. Sinnvolle Überzeugungen, die Denken, Wollen und Handeln miteinander verbinden, bestärken die Persönlichkeitsbildung und schützen gegen Zerrissenheit und Verzettelung.

**Vertrauen Sie Ihrer eigenen Logik, trennen Sie hindernde Verpflichtungen auf, seien Sie sich selbst und anderen gegenüber konsequent! Wenn Ihr Denken und Ihr Handeln sich vernetzen und wechselseitig binden, werden Sie bemerkenswerte Fortschritte machen.**

# Neue Horizonte

Erschrecken oder Erwachen. Auf der einen Seite bedeutet diese Karte eine Konfrontation mit großer Finsternis, die bewältigt werden will. In einer anderen Betrachtung besteht das Neue eben in den neun Schwertern, die wie Geistesblitze oder wie helle Scheinwerfer ihr blendendes Licht in die vorherige Dunkelheit werfen. Vielleicht geht es aber auch noch um etwas ganz Anderes:

Als Schatten gilt seit der Antike das zunächst Unsichtbare, das Unmerkliche. Wenn Sie einen undefinierten, »grauen« Ursprungszustand nun in Schwarz und Weiß aufteilen können, stellt dies einen besonderen kreativen Akt dar! In der Genesis, der biblischen Schöpfungsgeschichte, wie auch in den Mythen anderer Kulturen, ist die »Erschaffung« von Tag und Nacht, die Unterscheidung von Licht und Finsternis *der erste Tag der Schöpfung*.

Das Bild bedeutet in diesem Sinne, daß Sie ein Anfangschaos, eine gewisse Unentschiedenheit bereits hinter sich gelassen haben und daß sich Ihnen nun ein neuer geistiger Horizont eröffnet. Sie erkennen die Konsequenzen Ihrer Gedanken. Sie erfassen vieles, was Ihnen vorher unerklärlich war. Gewöhnen Sie sich langsam daran.

**Zählen Sie also eins und eins zusammen! Setzen Sie sich mit den Widersprüchen Ihres Lebens auseinander. Gehen Sie in Ihren Gedanken weiter, als Sie es gewohnt waren. Hüten und schützen Sie sich vor Kurzschlüssen.**

# Aufhebung des Geistes

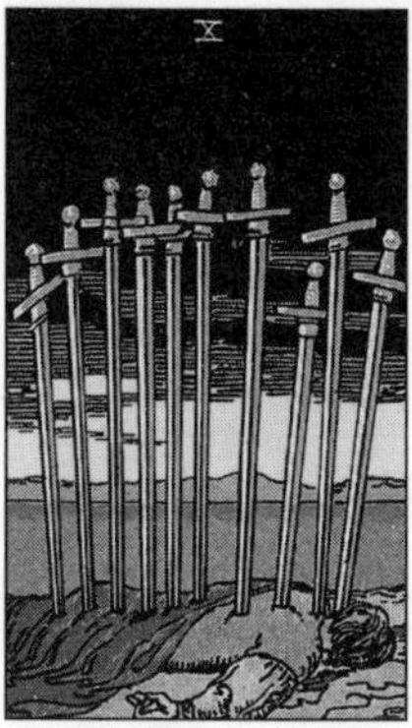

Ein Bild mit besonderer Durchschlagskraft: Um diese praktisch zu erfassen, betrachten Sie die hohen Schwerter-Karten – *Schwert 8, 9 und 10* – einmal als die Stationen des berühmten Transformationsprozesses von der Raupe zum Schmetterling:

Bei den acht Schwertern sehen wir gleichsam, wie eine Raupe sich in ihren Kokon einspinnt. Neun Schwerter zeigen den Reifungsprozeß in der Abgeschiedenheit; und die zehn Schwerter führen das Ergebnis vor Augen: Das Raupendasein ist zu Ende, der Schmetterling ist entfleucht, eine neue Wirklichkeit beginnt. Die der Zahl nach höchste Schwerter-Karte zeigt als Gipfel der Erkenntnis nicht einen Philosophen oder eine weise Frau auf ihrem Thron, sondern eine Situation, worin *jede Identifikation mit vorliegenden Vorbildern ihr Ende* erreicht hat.

Es geht weiter in ein Neuland, »das kein Auge je geschaut«, und für den Weg in dieses Neuland brauchen wir die Summe unserer Geisteskräfte, unserer geistigen Energien, die durch die Schwerter dargestellt werden

**Zum Untergang verurteilt sind untaugliche, fruchtlose Gedanken. Der Tod der unfruchtbaren Träume, Vorstellungen und Theorien läßt einen neuen, strahlenden Horizont aufziehen. Wach sein für die Erfordernisse des Augenblicks ist dasselbe, wie sich und das Leben immer wieder annehmen. Es ist wie eine Liebeserklärung an die eigene Person, an »Gott« und die Welt!**

## Zum Wesentlichen

Die Körperhaltung der »Königin« drückt Ruhe und Zuneigung aus. Sie lebt mitten in der Natur der Pflanzen und der Tiere. Ein Hase läuft vor ihrem Thron (vorne rechts). Blumen und Früchte umgeben sie. Über ihr, am rankenden Zweig, der an das Bild »Der Magier« erinnert, rote Blüten und/oder Äpfel. Oben am Thron ein Kindergesicht. Auch zwei Steinbock-Köpfe sind am Thron zu erkennen. Die Heimat des Steinbocks, die Höhe der Berge, ist der symbolische Ort, wo Himmel und Erde einander berühren. Die »Königin der Münzen« bezeichnet eine Kraft in uns, die uns Gelassenheit schenkt und zu Gipfelerlebnissen trägt! Beides gleichzeitig!

Konzentrieren und entspannen Sie sich: Alles hat seine Zeit, jedes Ding nimmt seinen eigenen Lauf, den man durch Einmischung und Hektik, aber auch durch Gleichgültigkeit oder Abwarten nicht ändern kann. Lassen Sie sich nicht ins Bockshorn jagen. Schützen Sie sich vor Überheblichkeits- und vor Minderwertigkeitsgefühlen.

Die »Münze« ist Ihr Lebensstern, Ihre Prägung – Schicksal und Geschick – Ihr Talent. Kokettieren Sie nicht mit persönlichen Besonderheiten. Jeder Mensch stellt in gewisser Weise ein Naturereignis dar. Kultivieren Sie, worauf Sie »Bock« haben!

**Halten Sie sich an das Einfache, das Dringende und das Spürbare. »Tue erst das Notwendige, dann das Mögliche, und plötzlich schaffst du das Unmögliche« (Sprichwort).**

# Sinn und Genuß

Wein steht sprichwörtlich für die Süße des Lebens, für den Genuß des Daseins in der Erhebung von Sinn und Sinnen. Zugleich aber ist der Weinberg Symbol der anstrengenden Arbeit.

Die abgebildeten Stierköpfe bringen auch den astrologischen Stier ins Spiel, dessen Hauptmonat der Mai ist. »Alles neu macht der Mai«, die Verheißung klingt verlockend, doch welch große Aufgabe kann in diesen Worten enthalten sein: *Alles neu!*

Wie die äußere Natur sich in der Mitte des Frühlings neu bildet, so findet dieser »König« sein Glück erst, wenn er seine Lebenswelt nach eigener Notwendigkeit und im eigenen Sinne einrichtet. Das Bild zeigt, welch schwere Steine zu bewegen und aufzurichten sind, bis er seinen Thron aufschlagen und seine Burg errichten kann. Andererseits: Wenn er sein Werk vollbringt, genießt keiner so ruhig und (aus-)gelassen das Leben wie er!

Ihre ureigene Natur stellt einen besonderen Genuß, aber auch eine besondere Aufgabe dar. Sie selbst sind wie Wein und Weinberg, wie Acker und Pflugstier. Lösen Sie Blockaden und Verhärtungen auf. Begreifen Sie den Wert Ihrer eigenen Talente.

**Nutzen Sie Ihre aktuellen Fragen, um herauszufinden, was sich für Sie wirklich lohnt. Genießen Sie Arbeit und Ertrag. Doch scheuen Sie nicht die Mühen, die mit jeder Arbeit verbunden sind, auch nicht die großen Mühen, die zu einem großem Werk dazugehören.**

# Wohlbehagen

Es gibt etwas zu säen und zu ernten in diesem Leben und am heutigen Tag! In der Aufarbeitung der bestehenden Widersprüche bewähren und stärken sich Besonnenheit und Gelassenheit. Scheuen Sie sich nicht vor Auseinandersetzungen zur richtigen Zeit. Fassen Sie Vertrauen in Ihre Fähigkeit, Probleme in Ordnung zu bringen, Ängste zu beseitigen und Wünsche zu erfüllen.

»Das Pferd macht den Mist im Stall, und obgleich der Mist Unsauberkeit und üblen Geruch an sich hat, so zieht doch dasselbe Pferd den selben Mist mit großer Mühe auf das Feld; und daraus wächst der edle schöne Weizen und der edle süße Wein, die niemals so wüchsen, wäre der Mist nicht da. Nun, der Mist, das sind deine Mängel, die du nicht beseitigen, nicht überwinden, noch ablegen kannst. Die trage mit Mühe und Fleiß auf den Acker des liebreichen Willen Gottes in rechter Gelassenheit deiner Selbst. Streue deinen Mist auf dieses edel Feld, daraus sprießt ohne allen Zweifel in demütiger Gelassenheit edle, wonnigliche Frucht auf« (Johannes Tauler, mittelalterlicher deutscher Mystiker).

**Verzichten Sie auf falsche Bescheidenheit und aufgesetzte Ideale, auf falsche Träume, die Ihnen nur Kraft entziehen würden. »In der Beschränkung zeigt sich der Meister«, und das bedeutet jetzt: Auf alles Unnötige verzichten.**

# Wert-Schätzung

Als einziger der Hofleute der Münzen trägt der »Page« sein Talent auf Fingerspitzen. Er faßt es entweder vorsichtig an, oder er scheut sich, es anzufassen und zu begreifen. Zugleich ist seine Münze vor dem großen gelben Hintergrund und ohne deutlichen Zugriff ungleich schwerer auszumachen und zu unterscheiden. Die eigenen Talente sind für uns oft schwer zu erkennen, weil sie uns unscheinbar erscheinen. Entweder aus mangelnder Wertschätzung der eigenen Person, oder weil kein Zugriff, kein Begriff dafür besteht.

Tatsächlich erweist sich unser Talent nicht in einer hochgezüchteten Spezialbegabung oder einer absonderlichen Extraleistung, die zum Eintrag in ein Buch der Rekorde führt. Unser Talent ist vielmehr das, was wir immer schon besitzen, das Stück unverwechselbarer Eigenart, das wir in unserer Person mit auf die Welt bringen, das Eigen- und Einzigartige an der Weise, wie wir jeweils die Welt sehen und das Leben auffassen. Vertrauen Sie der Erfahrung, die in Ihnen schlummert, und bringen Sie sie zum Vorschein. Erwarten und fördern Sie auch ein gleiches für Ihre Mitmenschen. Im Unscheinbaren steckt das Un-Scheinbare, das Wesentliche und Typische, auf das es jetzt ankommt.

**Prüfen Sie Ihre Ergebnisse und Ziele. Wenn Sie Wesentliches und Unwichtiges neu definieren, so heben Sie Ihre Münze empor, Ihr Gold, das zuvor auf der Straße lag.**

# Lebendige Materie

Schon eine Münze besitzt die sprichwörtlichen »zwei Seiten der Medaille«. Jedes Stück Materie – jeder »Stoff«, jede Sachfrage – ist damit an sich doppeldeutig! Alles, auch und gerade jedes Stück »harter Realität«, ist in sich widersprüchlich. Es kommt darauf an, diese materiellen Widersprüche in die Hand zu nehmen, und die Spannung, die potentielle Energie, die jedem Sachverhalt eigen ist, zu erkennen und zu nutzen.

Die Doppelnatur der Erde zeigt sich im Bild in den verschiedenen Welten vor und hinter dem Tor: blumenreicher Garten und »rauhe« Berge. Viele Religionen sprechen vom Doppelcharakter des Menschen als »Bürger zweier Welten«, und diese doppelte Heimat – im Himmel wie auf Erden – wird in der erhobenen Münze ebenfalls angedeutet. Die blauen Berge schließlich sind ein altes Symbol der Hochzeit von Himmel und Erde: Die Erde nimmt das Blau, die Farbe des Himmels an, während die Berge zugleich die Erhöhung der Erde, die Berührung von Oben und Unten darstellen. Diese Doppelwelten werden zusammengefaßt in der Darstellung der Münze, die nur hier einen doppelten Randkreis aufweist.

**Die eine Seite der Medaille sind Ihre Prägungen, Ihre Begabungen und Ihre Handicaps. Die andere Seite ist, was Sie daraus machen! Was wollen Sie prägen?**

## Neue Realitäten

Wir selber sind ein Stück Materie, prägend und geprägt. Auf der persönlichen Ebene bedeuten die »zwei Seiten der Medaille« Sonnen- und Schattenseiten der eigenen Person, Standbein und Spielbein, Pflicht und Kür, ererbte und selbstgewählte Lebensumstände usw. Wenn Sie nun diese Widersprüchlichkeiten Ihres Lebens selber in die Hand nehmen, gelangen Sie in die glückliche Lage, daß Ihnen nichts Wesentliches mehr fehlt – soweit Sie ein bewegliches Ich besitzen, daß die jeweiligen Gegensätze zu integrieren versteht. Dann haben Sie die wesentlichen Seiten des Daseins geborgen und aufgehoben (daher die grüne, kosmische Schleife). In Ihrem Leben werden Sie dann nichts Wesentliches versäumen.

Während ein bewegliches Ich die Widersprüche zusammenfaßt, zeichnet sich ein schiefliegendes (!) Ego durch seine Einseitigkeit aus. Zuwenig oder zuviel Ego wirkt wie ein Störfaktor in den Widersprüchen des Lebens und löst eine beträchtliche Unruhe aus; es hindert Sie, die Dinge zu nehmen, wie sie sind.

Ihre Chance und Ihre Aufgabe bestehen aber gerade darin, sich aus angeblichen Sachzwängen zu befreien. Es gibt immer eine (mindestens eine) Alternative!

**Es ist Ihre Art der Wahrnehmung, Ihre Auffassung, die Zusammenhänge herstellt. Es ist Ihr Talent, die verschiedenen Dinge zu ordnen und auf einen Nenner zu bringen. Packen Sie es an!**

# Neue Werte

Links im Bild ein Steinmetz, etwas abseits und gegenüber befinden sich ein Mönch und eine Nonne oder ein Schalk. Vielleicht handelt es sich bei der letzteren auch um einen Baumeister mit Plan und Zeichnung. Verschiedene Bedeutungen von Arbeit, Beruf und Berufung sind hier Thema: Die ausdauernde, genaue Arbeit am harten Material, die Verwandlung der harten Materie in lebendige Form, Kontakt oder Auseinandersetzung mit Auftraggebern und Publikum, die Überwindung der Widerstände, welche der Gegenstand der Arbeit wie auch die »Kollegen« bewirken können, die Gewinnung von Unterstützung für die eigenen Arbeitsmethoden und Berufsziele usw. Dann die Fragen: Wozu leistet die eigene Arbeit einen Beitrag? Wem nutzt sie? Was baut sich auf dem Gewölbe auf?

Das Schwarz der Münzen signalisiert entweder, daß hier das persönliche Licht und das eigene Ich fehlen. Es wird viel gearbeitet; Beruf und/oder Berufung bestimmen die gesamte Situation, aber eher wie eine Droge, ein Betäubungsmittel. Oder das Schwarz der Münzen weist auf »latente Talente« – auf Entwicklungschancen, die immerhin schon absehbar sind, aber noch komplett belichtet werden müssen.

**Jeder Mensch trifft in seinem Leben auf besondere Herausforderungen: Anforderungen, deren Bewältigung nur gelingt, wenn auch verborgene Talente geweckt und innere Anlagen freigelegt werden.**

# Eine Welt für sich

Beachten Sie das Verhältnis der Bildfigur zur Stadt im Hintergrund. Wie immer, ist die Plazierung im Rücken ein kritisches Symbol; denn der Rücken ist auch ein Ort des Unbemerkten und Unbewußten. Die eigenen Talente zu begreifen und zu krönen, verlangt sowohl, sich von der Allgemeinheit abzusetzen, wie auch, sich auf dieselbe zu beziehen. Wenn wir uns weder als Eigenbrötler absondern, noch mit unserer persönlichen Besonderheit in der Masse untergehen wollen, ist ein überaus lohnender, jedoch anspruchsvoller Weg zu bewältigen: Wir müssen herausfinden, worin und wieweit wir über persönliche Talente verfügen, die für andere nützlich oder wichtig sind und die zugleich die Besonderheit und die Einzigartigkeit der eigenen Person verdeutlichen.

Spielen Sie nicht den Helden oder den Versager. Verabschieden Sie sich jetzt von Angeberei und von Duckmäusertum. Ihre Stärken und Ihre Schwächen besitzen einen besonderen Wert. Schaffen Sie den Rahmen, worin dieser Wert sich auszahlt und Ihr Dasein krönt.

**Bauen Sie eine Welt für sich, und geben Sie anderen den Schlüssel zu Ihrer persönlichen Welt. Finden Sie Ihre Aufgabe, Ihr Metier und Ihr Thema, dem Sie sich voll und ganz widmen können! Danach sollten Sie sich auch in Ihren aktuellen Fragen entscheiden.**

# Not-Wendigkeiten

Zwei arme, verletzte Gestalten irren durch Kälte und Not. Sie haben keine Heimat, sind Aussätzige (das Halsglöckchen der linken Figur als Pestglöckchen betrachtet), Verstoßene »draußen vor der Tür«. Krankheit, Armut, aber auch seelische Kälte und geistige Not können sich hier darstellen. Auf der einen Seite geht es darum, Hilflosigkeit zu akzeptieren: sich geschlagen geben zu können; ein Ende anzunehmen; einen Mangel zu ertragen – ohne nach weiterer Abhilfe oder Milderung zu suchen. Das Leid ist ein Teil der Existenz, kein »Betriebsunfall«. Zum anderen gilt aber ebenso nachhaltig und unabweisbar: Es gibt unnötige Not und zuviel Elend auf der Welt – und im eigenen Haus. Es lohnt sich und macht Sinn, dagegen anzugehen.

Eine bekannte Legende erzählt vom Blinden und vom Lahmen, die sich zusammen auf den Weg machen. Der Blinde stützt den Lahmen und der Lahme führt den Blinden. Indem sie ihre Nöte teilen, werden sie von der Hilflosigkeit ihrer Lage erlöst. Die individuellen Kräfte vervielfachen sich durch die Zusammenarbeit.

So steht diese Karte für die Fähigkeit, die eigenen Notwendigkeiten zu erkennen, und das Vermögen, eine *Not zu wenden*.

**Auch die »Schwäche« hat ihren Wert. Nehmen Sie Rücksicht auf ein unterschiedliches Entwicklungstempo. Messen Sie nicht Ungleiches mit Gleichem!**

## Produktive Bedürfnisse

Wenn Geben und Nehmen sich die Waage halten, dann passiert entweder nichts Wesentliches. Die Waagschale neigt sich nicht, weil der Austausch ohne spürbares Gewicht bleibt. Oder die Waage bleibt im Lot, weil alle beteiligten Seiten dazugewinnen. Wenn Sie mit Ihren Talenten Bedürfnisse befriedigen und mit Ihren Bedürfnissen Talente fördern, entsteht jeweils für alle Beteiligten ein *Gewinn*.

Dies ist ein *Segen*. Das bringt die rechte Hand der großen Bildfigur zum Ausdruck, deren Fingerhaltung genau der des »Hierophant« entspricht. Die vier kleinen, unscheinbaren Münzen aber, die sich zwischen den beiden Gestalten auf der linken Bildseite im Flug, im Fluß befinden, sind hier der Dreh- und Angelpunkt: Wenn *beide* Seiten dazugewinnen, weil sie sich persönliche Bedürfnisse erfüllen, dann wird hier weder genommen noch gegeben, sondern es entsteht etwas Neues. So, wie die menschliche Arbeit neue Werte schafft, wie die Zusammenarbeit einen Energiezuwachs (Synergie) produzieren kann, stellen die vier kleinen Münzen einen *Zugewinn* dar – neue materielle und ideelle Werte – ein Zuwachs an menschlichem Potential!

**Achten Sie darauf, nicht den Mangel zu verwalten, sondern einen Gewinn zu erzielen. Dieser Stoffwechsel, diese Produktivität ist der Schlüssel für Ihre aktuellen Fragen.**

# Sieben Siegel

Ich weiß nicht, was soll es bedeuten ...«: Bilden Sie einen persönlichen Maßstab aus, auf den Sie sich stützen können. Die Münzen sehen nur scheinbar klar und eindeutig aus. Tatsächlich haben sie »es« in sich. Wunsch und Wirklichkeit, Wille und Notwendigkeit sowie anderes mehr sind oft genug »zwei verschiedene Paar Schuh'« (siehe die unterschiedliche Farbe der Stiefel). Nicht selten fühlen wir uns bei dieser Karte eher wie der »Ochs' vorm Berg« und wissen nicht, wo wir anpacken sollen. Gerade aber das Paradoxe, die Widersprüche, in denen wir stecken, bieten die Chance der Besinnung und der Betrachtung.

Es gibt bestimmte sachliche Aufgaben, deren Lösung Sie in dem Moment finden, in dem Sie auch *Ihre* Bedeutung, Ihren persönlichen Sinn, Ihre Lebensaufgabe neu entziffern. Selbst was auf den ersten Blick wie ein Stolperstein aussieht, kann sich bei genauerer Betrachtung als nützlich erweisen. Stellen Sie geltende Maßstäbe in Frage, damit Sie wissen, was für Sie funktioniert. Jeder Sachverhalt, jedes Faktum, alle Daten erzählen eine Geschichte und stehen in Zusammenhängen, die zu studieren lohnt. Hier heißt es, Spuren suchen und Zeichen deuten. Dabei geht es auch um Ihre eigene Bedeutung, um Ihren Standpunkt!

**Zeigen Sie Verständnis für fremde Maßstäbe. Vertreten Sie den Unterschied und den Wert Ihrer ureigenen Betrachtungsweise.**

## Meisterschaft

Übung macht den Meister. Bilden Sie Ihr Geschick aus, indem Sie sich Ihr Terrain, Ihr Umfeld schaffen, worin Ihre Talente erblühen können! Dann wachsen Sie über sich hinaus, wie es das Bild in Gestalt der Säule oder des Baumstammes am rechten Bildrand anzeigt! Die Produktivität eines Meisters (einer Meisterin) besteht darin, sich selbst zu erschaffen und die eigene Welt in Ordnung zu bringen.

Alle anderen Münz-Karten (mit Ausnahme der »Drei Münzen«) stellen uns die »Münzen« bereits als fertige Ergebnisse dar. Hier aber sehen wir, daß wir die Münzen selbst bearbeiten müssen! Was auf den ersten Blick wie eine bloße Wiederholung vieler, sich gleichender Münzen aussieht, das kann umgekehrt auch bedeuten: Sie können schon viele Erfahrungen gesammelt haben und viele Münzen Ihr eigen nennen, und dennoch ist jede neue Aufgabe eine neue Herausforderung, muß sich Ihr Können in Ihren aktuellen Fragen aufs Neue bewähren. Der Meister ist der wahre Anfänger; gerade weil er sein Metier kennt, weiß er, daß alle bisherige Erfahrung Geschichte und jeder Tag ein Neuland ist.

**Im vielfältigen Nutzen des Talents beweist sich die Meisterschaft. Schaffen und empfangen Sie zahlreiche Ergebnisse, die Ihre Handschrift, Ihren Zuschnitt tragen und in denen Sie sich selbst wiedererkennen.**

# Selbstverwirklichung

Sie besitzen etwas, das die Erde reicher macht. Verstecken Sie Ihren Glanz, Ihre Schönheit nicht! Seien Sie großzügig und zeigen Sie Ihren Mitmenschen, welche Schätze Sie zu bieten haben, weil Sie selber ein »Schatz« sind!

Von Bedeutung ist die Anordnung der Münzen: Sechs Münzen zur Rechten weisen auf die Karte »Sechs Münzen« (Bedürfnisse befriedigen), drei Münzen zur Linken auf die Karte »Drei Münzen« (das unbekannte Ich zu Tage fördern). Wir alle finden zunächst Lebensgewohnheiten vor, die auch ohne uns existieren würden. Alle relevanten Gepflogenheiten so umzugestalten, daß unser persönlicher Geschmack und unsere eigene Logik darin wiederzufinden sind, das bedeutet in vielerlei Hinsicht *eine Wüste in einen Garten* zu verwandeln.

Das ist ein langandauernder Weg (siehe die Schnecke), ein Gärungs- und Reifungsprozeß wie die Weinproduktion (siehe die Trauben) – geduldige Arbeit und hoher Genuß; das ist der Weg der Liebe und die Liebe als Weg! »Wer meint, alle Früchte würden gleichzeitig mit den Erdbeeren reif, versteht nichts von den Trauben« (Paracelsus). Hören Sie auf, wie ein Falke dem Glück nachzujagen! Warten Sie nicht auf bessere Zeiten!

**Zeigen Sie die Schönheit Ihrer Natur, der persönlichen Eigenart; leben und verkörpern Sie den Charme Ihrer Werte; so gewinnen und besitzen Sie in reichem Maß die Liebe, die Sie brauchen.**

# Reichtum

Ein besonders reichhaltiges Bild: Kind, Erwachsene und Greis, Mensch und Tier, Natur und Zivilisation, Heimat und Fremde und vieles andere mehr – alles ist da, doch was geschieht zwischen den Beteiligten? Die zehn Münzen markieren den Umriß eines kabbalistischen Lebensbaums; nur die Verbindungslinien, die die einzelnen Stationen zu einem Ganzen werden lassen, sind im Bild nicht zu sehen. Das gilt auch im übertragenen Sinne: Viele Errungenschaften sind vorhanden, aber es fehlt möglicherweise die Brücke, der rote Faden.

Eine glückliche Lösung erfordert, daß sich in den Münzen die Unterschiede wie die gemeinsamen Interessen der Menschen niederschlagen. Letztlich geht es um die Liebe in den Dingen des Alltags.

Liebe ist nicht nur ein Gefühl, sondern auch die Voraussetzung und das Ergebnis einer optimalen Förderung von Bedürfnissen und Talenten! Nicht nur für die partnerschaftliche Zweierbeziehung ist die Liebe der geeignete Maßstab. Liebe ist eine Art, der Welt mit Zuneigung und Respekt zu begegnen.

**Je mehr Talente und Bedürfnisse sich gleichzeitig entfalten können, um so größer ist die praktizierte Liebe und um so größer ist auch der wirkliche Reichtum einer Person, Gruppe oder Gesellschaft! Riskieren Sie also mehr Liebe und etwas weniger Exklusivität darin. Sie verlieren die Einsamkeit und die Gefahr, in der Masse unterzugehen.**

# Praxis des Tarot-Kartenlegens

Zum Tarot-Kartenlegen gehört die Symboldeutung, aber auch der Mut, den Gefühlen und den manchmal unbekannten Wirklichkeiten der eigenen Person ins Auge zu schauen. Man beginnt am besten mit der »Tageskarte«. Morgens oder abends wird täglich oder doch einigermaßen häufig eine Karte gezogen – als Symbol, als Motivierung oder als besinnlicher Reflex des persönlichen Tagesgeschehens. Die Bedeutungen dieser Tageskarten sollen zunächst individuell und intuitiv erfaßt werden. Später können zusätzliche Interpretationen aus der Tarot-Literatur zu Rate gezogen werden. Zwei (der zahlreichen) Muster für das weitere Tarot-Kartenlegen:

1 – Aktuelle Situation
2 – Vergangenheit oder das, was schon da ist
3 – Zukunft oder das, was neu zu beachten ist.

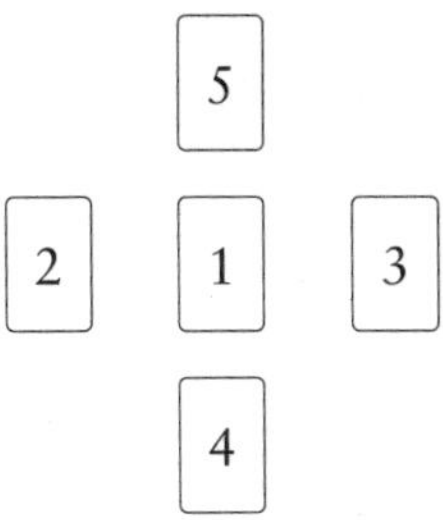


1 – Schlüssel oder Hauptaspekt
2 – Vergangenheit oder das, was schon da ist
3 – Zukunft oder das, was neu zu beachten ist
4 – Wurzel oder Basis
5 – Krone oder Chancen.

## *Zum praktischen Vorgehen:*

■ Benutzen Sie alle 78 Karten eines Tarot-Spiels.

■ Überlegen Sie sich Ihre Frage, die Sie nun an die Tarot-Karten richten möchten. Für die Art der Frage gibt es keine zwingenden Ge- und Verbote.

■ Wichtig ist zu wissen: Die Karten wirken wie ein Spiegel. Sie können Fragen über zweite und dritte Personen stellen. Die Antwort der Karten schließt dabei stets Ihr Verständnis und Ihr Verhältnis zu diesen Personen mit ein. Wenn Sie Fragen über andere Personen stellen, sind dennoch auch Sie selbst mit im Spiel.

■ Mischen Sie die Karten, wie Sie es gewohnt sind. Alle verpflichtenden Vorschriften (Kartenziehen mit links; Mischen durch Rühren auf dem Tisch usw.) sind Humbug. Nichts gegen ein persönliches Ritual. Aber keine verpflichtenden Vorschriften.

■ Legen Sie nach einem Legemuster aus, das Sie zuvor ausgewählt haben. Sie können dazu Legemuster aus der Literatur benutzen, aber auch eigene entwerfen (vor einer Kartenbefragung).

■ Ziehen Sie die Karten, wie Sie es gewohnt sind. Legen Sie sie verdeckt in Form des Legemusters vor sich hin.

■ Die Karten werden dann (im Normalfall) einzeln aufgedeckt. Erst wenn die Betrachtung und Interpretation einer Karte beendet ist, soll die nächste aufgedeckt werden.

■ Alles, was während einer Kartenbefragung geschieht, kann zum Inhalt der gesuchten Antwort gehören.

■ Die Antwort auf Ihre Frage geben alle Karten einer Auslage zusammen.

# Legemuster

## »Der Stern«

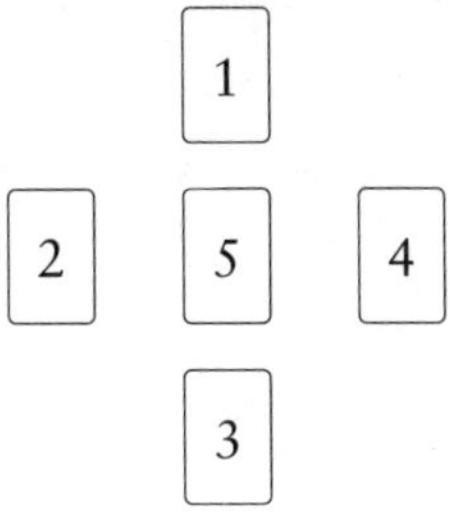


1 – Wo Sie stehen
2 – Ihre Aufgaben
3 – Ihre Schwierigkeiten
4 – Ihre Stärken
5 – Ihr Ziel

*oder*

1 – Wo Sie stehen
2 – Ihre Aufgaben
3 – Ihre Ängste
4 – Welche Einstellung Ihnen weiterhilft
5 – Das Ergebnis der Bemühungen

## »Das Pentagramm«

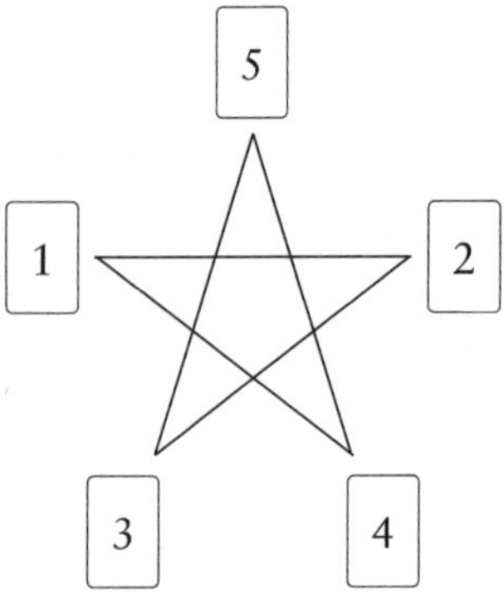


1 – Da kommen Sie her
2 – Dort gehen Sie hin
3 – Das fällt Ihnen schwer
4 – Das macht Ihnen Sinn
5 – Das bedeutet viel: Ihr großes Ziel

## »Gipfel des Glücks«

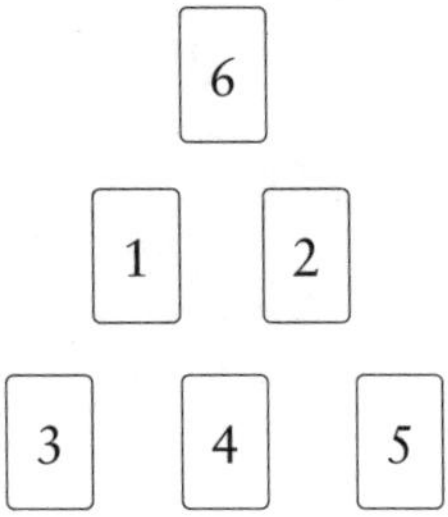


1 – Das werden Sie los
2 – Das erreichen Sie
3 – Das kommt mit
4 – Das bringt Ihnen Glück
5 – Das tritt Ihnen noch entgegen
6 – Diese Lösung bringt Ihnen Segen

## »Traumziel«

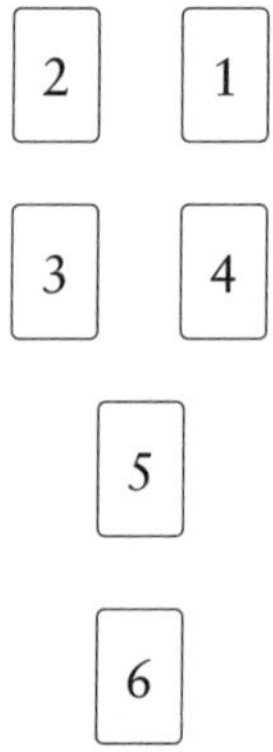


1 – Wo Sie stehen
2 – Wohin Sie gehen
3 – Ihre Wünsche
4 – Ihre Ängste
5 – Ihr wirkliches Verlangen
6 – Das Geheimnis Ihrer Suche

# »Entscheidungsfragen«

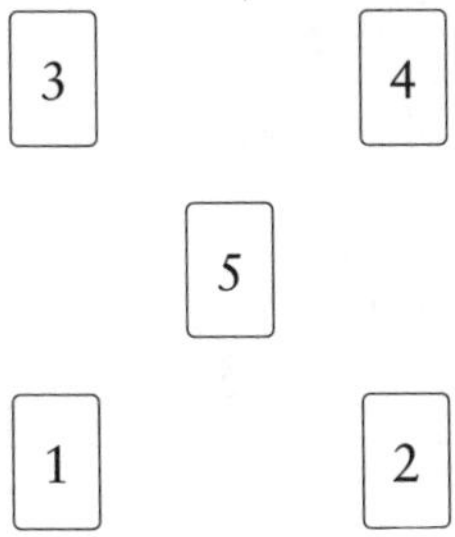


1 und 2 – Wo Sie herkommen, einerseits/andererseits
3 und 4 – Wo Sie hingehen, Gefahren! Chancen
1 und 3 – Das spricht dagegen
2 und 4 – Das spricht dafür
5 – Urteil

# »Lösungsweg«

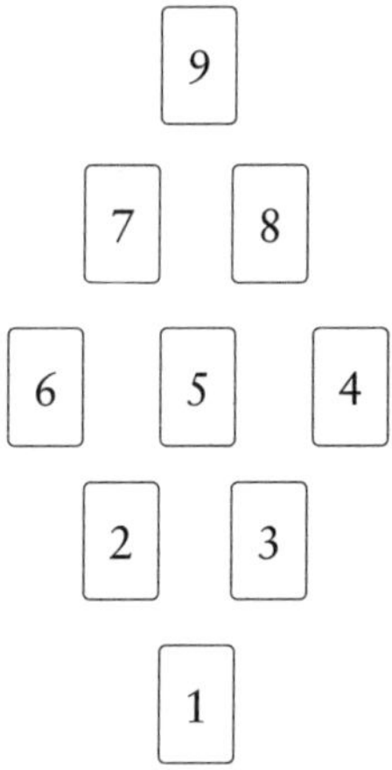


1 – Ihre Mitgift
2 – ... deren Fluch
3 – ... deren Verheißung
4 – Eine Herausforderung für Sie
5 – Ein bleibendes Rätsel für Sie
6 – Eine Last, aber notwendig für Sie
7 – Ihre Aufgabe
8 – Ihr Problem
9 – Ihre Lösung

## »Bestandsaufnahme/Zielfindung«

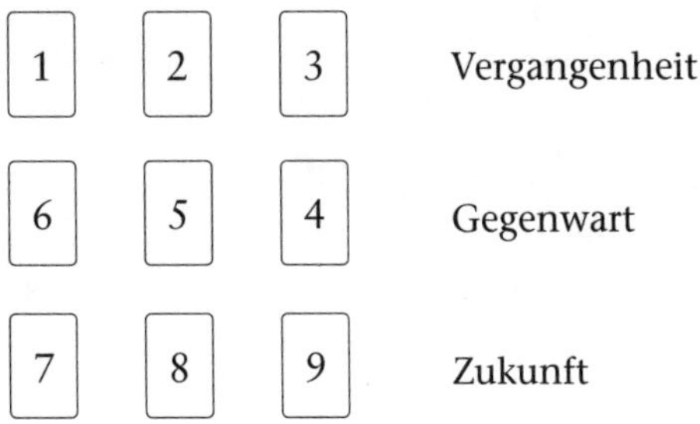


(Finden Sie in dieser Auslage Ihr aktuelles Ziel und den Weg dorthin, z. B. 1-6-7 oder 1-5-9, usw.)

## »Mut zur Lücke«

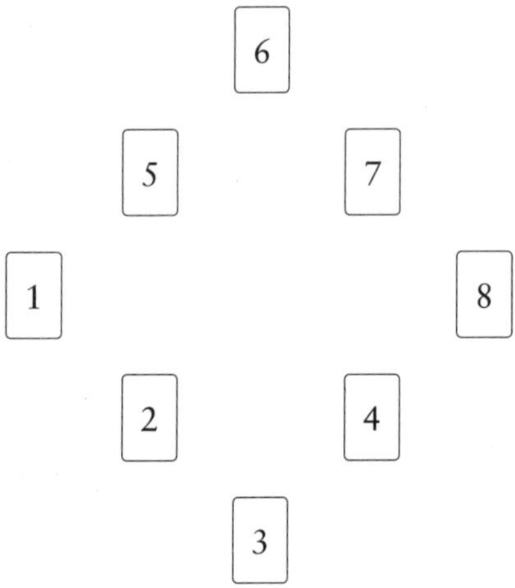


1 – Das ist möglich
2 – Das ist wichtig
3 – Das ist mutig
4 – Das ist nichtig
5 – Das ist nötig
6 – Das ist heiter
7 – Das ist witzig
8 – Das führt weiter

## »Keltisches oder Sonnenkreuz«

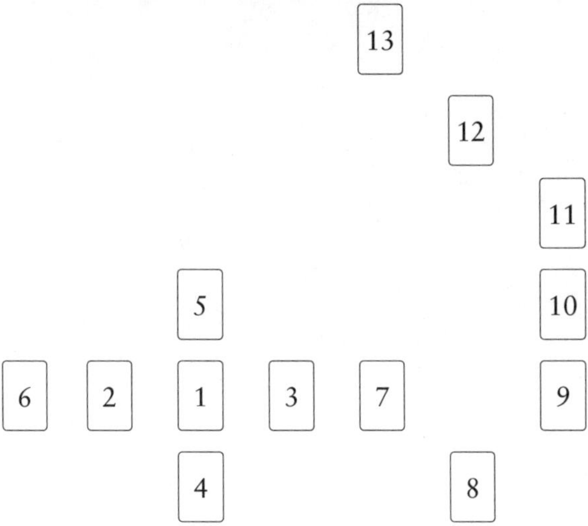


1 – Thema der Frage, Sie selbst
2 – Positive Ergänzung zu 1
3 – Negative Ergänzung zu 1
4 – Wurzel, Basis, Stütze
5 – Krone, Chance, Tendenz
6 – Vergangenheit oder das, was schon da ist
7 – Zukunft oder das, was neu zu beachten ist
8 – Zusammenfassung 1-7; innere Kraft, Unbewußtes
9 – Hoffnungen und Ängste
10 – Umgebung und Einflüsse nach außen; Ihre Rolle nach außen
11, 12, 13 – Resümee oder ein Faktor, auf den Sie besonders aufmerksam gemacht werden, der bereits vorhanden ist und der für Ihre Frage besondere Bedeutung gewinnen wird. (Schlußbetrachtung; Quersumme)

## »Keltisches oder Sonnenkreuz« *(Variante)*

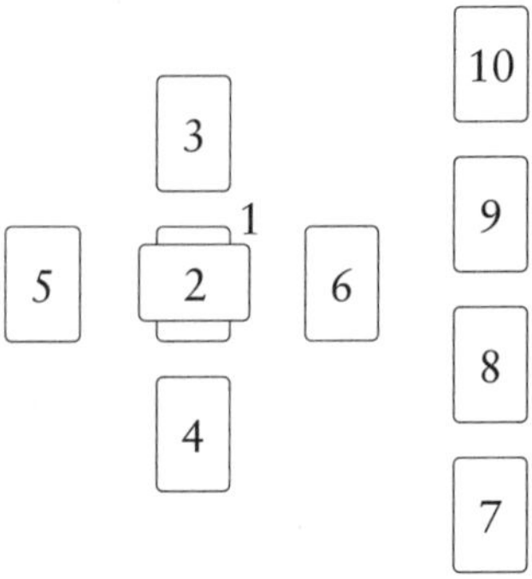


1 – Ausgangspunkt, Thema der Frage
2 – Kreuzkarte, Gegensatz oder Ergänzung zu 1
3 – Chancen, Krönung, bewußte Seite
4 – Wurzel, Basis, unbewußte Seite
5 – (Jüngere) Vergangenheit
6 – (Nähere) Zukunft
7 – Ihre innere Kraft, Ihre innere Einstellung
8 – Einflüsse von außen, Ihr Verhalten nach außen
9 – Hoffnungen und Ängste
10 – Ergebnis, Ziel, Aufgabe

## »Der Weg der Wünsche«

Bei dieser Auslage werden die Karten nicht gezogen, sondern ausgesucht. Insgesamt benötigen Sie fünf Karten. Zuerst eine für das, was ist. Wählen Sie mit Ruhe und Konzentration ein Bild für Ihre momentane Situation. Wenn Sie diese Karte gefunden haben, legen Sie diese vor sich hin. Dann finden Sie eine für das, was sein soll, das heißt für das, was Sie sich wünschen. Nehmen Sie sich dafür die Zeit, die Sie brauchen. Wenn dann diese beiden Karten vor Ihnen liegen, schieben Sie diese auseinander und suchen Sie drei weitere Karten aus, die als Verbindungsstück, als Brücke dienen können, um von dem, was ist, zu dem gewünschten Ziel zu gelangen. Achten Sie bei der Auswahl darauf, daß es eine tragfähige Brücke wird und daß Sie auf der anderen Seite ankommen. Zum Schluß betrachten Sie die Karten durchgängig von links nach rechts (und umgekehrt!) als einen Weg und eine Geschichte.

1 – Momentane Situation
2 – Wunschvorstellung
3, 4, 5 – Brücke von 1 nach 2